宋遼夏金元兵器研究初稿

林智隆・陳鈺祥編著

中國歷代兵器研究系列
文史哲出版社印行

國家圖書館出版品預行編目資料

宋遼夏金元兵器研究初稿／林智隆,陳鈺祥編
著. -- 初版. -- 臺北市：文史哲, 民 97.12
　頁：　公分（中國歷代兵器研究系列；4）
含參考書目
ISBN 978-957-549-828-3 (平裝)

1. 兵器　2. 宋遼金元

595.99　　　　　　　　　　　　　97022911

中國歷代兵器研究系列 4

宋遼夏金元兵器研究初稿

編 著 者：林 智 隆　・　陳 鈺 祥
監　　　製：郭常喜・郭常喜兵器藝術文物館
出 版 者：文 史 哲 出 版 社
　　　　　http://www.lapen.com.tw
　　　　　e-mail：lapen@ms74.hinet.net
登記證字號：行政院新聞局版臺業字五三三七號
發 行 人：彭　　　　正　　　　雄
發 行 所：文 史 哲 出 版 社
印 刷 者：文 史 哲 出 版 社
　　　　　臺北市羅斯福路一段七十二巷四號
　　　　　郵政劃撥帳號：一六一八〇一七五
　　　　　電話 886-2-23511028・傳真 886-2-23965656

實價新臺幣一〇〇〇元

中華民國九十七年（2008）十二月一日初版

《宋遼夏金元兵器研究初稿》
目　　錄

郭常喜藝術兵器文物館

第一章　前　言

古有明劍似秋水，龍盤虎擎焰欲起。雞林削鐵不足言，昆吾百鍊安足齒。淬花曾瑩鷩鵜膏，掉箭卻敲驚鳳髓。憶昔破敵如破竹，帶霜飛渡桑乾曲。電光晝閃白日匿，魑魅走逃罔魎伏。于今鏽澀混鉛刀，夜涼風雨青龍哭。冰翼雲淡雪花白，血痕冷剝苔花綠。我來拔鞘秋風前，毛髮凜凜肝膽寒。書生無用暫挂壁，夜來虎氣騰重泉。酒酣聞雞起欲舞，明星錯落銀河旋。吾聞神物不終藏，豐城紫氣斗牛旁。及時與人成大功，豈肯棄置鈍鋒鋩。會當斬蛟深入吳潭裏，不然仗汝西域擊名王。－北宋　郭祥正〈古劍歌〉[1]

宋（960—1279）、遼（916—1125）、夏（1032—1227）、金（1115—1234）、元（1206—1368）是中國歷史上幾個政權並存的朝代，並經過無數戰爭終走向統一的歷史時期。在此競爭激烈的背景之下，造就了無數的軍事科技與英雄事蹟。其中，北宋詩人郭祥正，曾於任邵州防禦官時征戰沙場，立過軍功，因而使他一直無法忘卻戰場上的豪情壯志。祥正亦有〈劍〉詩一首：「不得公孫一舞看，空嗟塵漬血痕乾。鑄成星斗生光焰，化作龍蛇會屈盤。金匣藏時天地靜，玉池磨處雪霜寒。誰為將相扶明主，此物能令社稷安。」[2] 此詩雖言劍之未遇知己，實則言己不遇伯樂。祥正的酒酣舞劍，豪情萬丈為赴沙場，〈古劍歌〉與〈劍〉詩的情境可謂是宋、遼、夏、金、元時期之軍備代表。

宋太祖建隆元年（960），後周殿前都點檢趙匡胤受禪代周，建立宋朝都汴京。當時，擁有精兵 20 餘萬，據地百餘州，是整個亞洲中除遼國外，勢力最強的政權。當時與北宋王朝並存的政權的有：西夏黨項、北漢、遼、後蜀、南唐、吳越、武平、荊南、南漢、閩、吐蕃及大理。其中，遼國軍事實力強大，占據有燕雲十

---

[1] 林宜陵，《采石月下聞謫仙－宋代詩人郭功甫》（臺北：秀威資訊科技股份有限公司，2006），頁 179。圖：金代七星劍，皇甫江，《中國刀劍》（北京：明天出版社，2007），頁 78。
[2] 《采石月下聞謫仙－宋代詩人郭功甫》，頁 180。

六州（今中國北京至山西大同地區），控制整個中國北方的戰略要地，為北宋主要的邊患。宋太祖為鞏固五代軍閥時期不穩的政權統治，於是建立起一套專制的中央集權制度（強幹弱枝），並實行強有力的軍事政策，致使宋軍作戰能力達到鼎盛。同時針對各國情勢，採用了先南征北禦，先弱後強，各個擊破的作戰方針，用軍事進攻和政治爭取相結合的策略，開始進行了一統中國的戰爭。宋太祖建隆三年（962）至宋太宗太平興國[1] 四年（979），北宋軍隊在長江流域、嶺南和河東地區，先後攻滅荊南、武平、後蜀、南漢和南唐等割據勢力，取得征南戰爭的大勝利，並且攻進北漢都城太原，完成第一階段軍事行動。

在攻滅南方諸國及北漢後，宋太宗趙光義更是隨即督軍北上，企圖一舉奪回燕雲地區。時遼國已由景宗耶律賢執政，經過改革，國力有所增強。宋軍在高梁

（圖 1-1）　北宋疆域示意圖

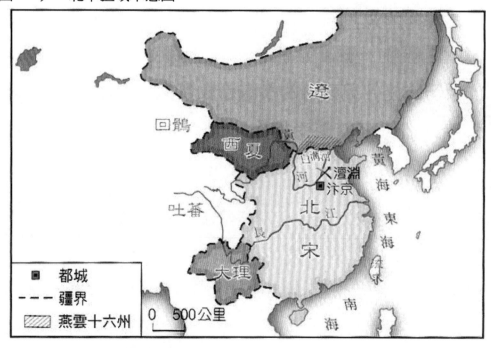

圖片來源：南一書局編輯部繪製。

---

[1] 宋太宗即位後相當看重「文治」和「武功」，趙光義是趙宋第二代皇帝，故在剛剛完成統一大業之後便孜孜追求「文治」的表現。然而太宗在功「武功」方面，不太得志，雖然有意在統一全國後更進一步收復被遼國併吞的燕雲十六州，因而發動兩次對外戰爭：第一次在太平興國四年(979)攻遼；第二次在雍熙二年(986)，都不幸戰敗。而且傳聞在第一次對遼戰役中太宗為敵箭所傷，留下終身未癒的箭瘡。

河（今中國北京西直門外）大敗，損失慘重。後雍熙三年(986 年)，趙光義再次舉兵全力攻遼，在岐溝關（今中國河北涿州西南）處被殲 20 餘萬，精銳盡失。趙光義因此喪失戰勝之信心，遂改採專守防禦。

遼統和二十二年（1004），遼國起 20 萬軍力攻宋，進至澶州北（今中國河南濮陽），宋真宗趙恒親至前線督戰，微挫遼軍。雙方均感無力消滅對方，遂簽訂「澶淵之盟」。遼宋戰爭結束後 120 年，雙方皆和平相處。宋寶元元年（1038），黨項國主元昊公開反宋，稱帝自立，建大夏國，史稱西夏。宋爲防禦夏軍，在主要防禦線上，修建近百個軍事據點，並挖竣深 1.5 丈之戰壕共 380 餘裏，沿宋夏邊境，形成一條壕堡防禦地帶。寶元三年至慶曆二年（1042），西夏三次大規模攻擊宋朝，但皆未獲勝利。此時，遼夏兩國矛盾激化。元昊爲避免腹背受敵因而向北宋政府請和。慶曆四年（1044），遼軍 10 萬攻夏前，宋與西夏簽訂和約，元昊向宋稱臣，宋賜歲幣，宋夏對戰基本上結束。

遼、西夏、北宋間戰爭結束後，女真族正式崛起於東北，金太祖完顏阿骨打於遼天慶四年（1114）起兵反遼，攻佔甯江州（今中國吉林扶餘東北），在出河店大敗遼軍。1115 年稱

圖 1-2 宋太祖（927—976）

宋太祖趙匡胤，涿州人。948 年，投後漢樞密使郭威幕下，屢立戰功。951 年郭威稱帝建立後周，趙匡胤任禁軍軍官，周世宗時官至殿前都點檢。建隆元年，謊報契丹聯合北漢大舉南侵，領兵出征，發動「陳橋兵變」，黃袍加身，代周稱帝，建立宋朝，定都開封。稱帝後，先後攻滅吳越、後蜀、南漢、南唐和北漢等割據政權，統一全國，結束了五代十國分裂局面。維基百科

圖 1-3 宋太宗（939—997）

宋太宗，本名趙匡義，太祖登基後改趙光義，即位後改趙炅。宋太宗治政有爲，但在太平興國四年，趙光義試圖收復燕雲十六州，被遼軍大敗，宋太宗中箭，多年後瘡發去世。維基百科

帝，建大金國。此時，宋徽宗趙佶眼見金國強大，因而不顧眾臣的反對，採納遼國降將趙良嗣之建議，也就是「聯金滅遼」的戰略，並派遣使者赴金國談判。宣和二年（1120）雙方簽訂了「海上之盟」，約定宋、金兩國共同出擊遼國，以長城為界，北部的中京由金軍進攻，南部燕京則由宋軍進擊。雙方約定滅遼國後，讓宋軍收回原來北漢國土，每年輸予遼國的歲幣轉移給金國。宣和四年（1122），金軍已攻佔東京（今中國遼寧省遼陽）、上京（今內蒙古巴林左旗東南）、中京等地區，但是宋軍兩次攻擊燕京的軍事行動，皆遭到遼軍的頑強抵抗而均告失敗。金國趁宋遼大戰後，於是攻破燕京，遼地盡歸金屬。戰後，金國僅還燕、薊等四州給宋朝。宣和七年（1125），金軍大舉侵宋，危急之時，趙佶禪位其子趙桓（欽宗）。靖康元年（1126），金軍力攻汴京不克，又恐宋援軍斷其歸路，於是接受宋朝和談，宋割讓中山等三鎮及賠款予金。之後，宋欽宗不修戰備，該年秋天金軍再度南下侵宋，十一月攻破汴京，擄徽、欽二宗，北宋亡。「靖康之變」後，徽宗第九子趙構，於南京稱帝，重建宋朝，史稱南宋。

（圖1-4）　南宋疆域示意圖

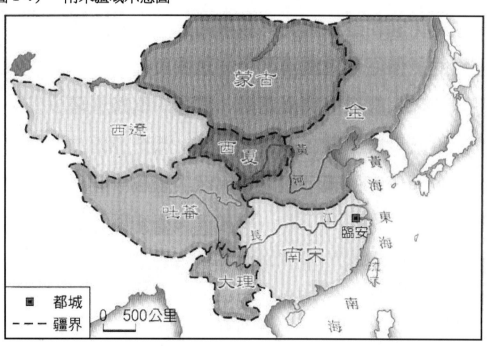

圖片來源：南一書局編輯部繪製。

宋高宗即位之初，實行重整軍備，加強防禦兩河（黃河、淮河），固守長江，伺機反攻。但由於內心的即位矛盾，所以宋軍戰略很快地轉爲羈靡與妥協的方針，並將首都遷至揚州，表示準備鞏固中國南方，偏安江南。另一方面，金國因爲未經決戰而輕易滅北宋，遂恃其強大騎兵優勢，在戰術上採取正面攻擊，企圖一舉消滅南宋。

南宋建炎元年（1127）至建炎三年（1129）間，三次南侵宋，其猛烈的攻勢，使趙構再次遷都於臨安，甚至使金軍渡過長江，攻下建康，並破臨安，讓趙構倉皇乘船逃至海上。不過金軍大軍深入宋地，四處受敵外，後勤支援亦是很大的問題，於是退軍長江。卻遭到韓世忠重創於黃天蕩，金軍主力幾乎被滅。三次攻宋致使金朝國力損失嚴重，遂將戰略改爲東守西攻及正面守勢，並在中原建立劉豫的傀儡政權齊國，使其牽制宋軍，作爲軍事緩衝區，俾使金國得以集中兵力進攻川、陝，控制長江上游。宋朝針對金國的戰略亦有所防備，在富平一帶被大敗完顏婁室。西元 1131 至 1134 年間，南宋又抵擋住金國數次攻擊，南宋政局於是逐漸穩定。

此後，名將岳飛領軍攻劉豫，收復襄陽六郡，獲得第一次反攻金勢力的勝利。南宋此時

圖 1-5　金太祖（1068—1123）

完顏阿骨打亦稱爲完顏旻，即金太祖，金國的創建者。遼天慶三年（1113），接替兄長成爲部落聯盟長。四年，阿骨打率部反遼。五年（1115），阿骨打在會寧稱帝，國號大金，年號收國。百度知識

圖 1-6　宋高宗（1107—1187）

宋高宗趙構，字德基，宋徽宗第九子，徽宗時被封爲康王。靖康元年(1126)，趙構曾以親王身分在金營中短期爲人質，後得以回國。紹興三十一年（1161），《紹興和議》被金海陵王完顏亮撕毀。紹興三十二年（1162）六月，以「倦勤」想多休養爲由，趙構禪位於宋孝宗趙昚。維基百科

圖1-7　岳飛（1103—1142）

岳飛（1103-1142）字鵬舉，諡武穆，後改諡忠武。河北相州（今河南）人。岳飛19歲時投軍抗遼。紹興十一年（1142）年十二月二十九日，秦檜以「莫須有」的罪名處死，1162年，宋孝宗時詔複官，諡武穆，寧宗時追封爲鄂王，改諡忠武，有《岳武穆集》。百度知識

大量收復北方失地。金熙宗完顏亶於是廢劉豫取消僞齊政權，在權相秦檜與金議和，宋向金稱臣納貢，金則歸還劉豫原轄陝豫領土。

但事與願違，金國內部發生政變，主戰派主政並再度侵宋。湖北、京西路宣撫使岳飛全力抵禦，並進軍中原，連克潁昌、陳州、鄭州及洛陽等地。岳飛乘勝追擊，前鋒部隊進抵朱仙鎮，此時各地組織的宋軍已經發展到40餘萬名，形勢對宋極其有利。但由於內心的矛盾影響，趙構卻下令全線撤軍。發12道金牌命岳飛撤軍，原宋軍收復之地，又爲金有。後趙構、權臣擔心岳飛主戰破壞和議，於是以「莫須有」罪處死。宋仍向金國稱臣納貢，雙方態勢形成均勢，南北對峙的局面。

此後，鐵木真崛起於北方，並逐漸統一蒙古各部，自稱成吉思汗，建立蒙古國。成吉思汗乘宋金作戰，進攻西夏，迫其求和。於元太祖六年（1211）開始入侵金國。五年內連續攻佔金國國都與土地且大敗金軍主力，金國因此遷都「南京」（今中國河南開封）。蒙軍轉戰西征共8年，滅花剌子模（今中亞阿富汗、伊朗等地），攻入斡羅思（今俄羅斯）後返回。二十二年（1227），滅西夏，成吉思汗病死軍中，太宗窩闊台繼承遺命，令拖雷與金軍作戰，窩闊台親率主力渡河南下與拖雷會師，在河南殲滅大部份的金軍主力，宋理宗趙昀應蒙古邀約，派軍聯合攻金。1234年初，蔡州破，金國滅亡而哀宗自盡。

金亡後，宋理宗乘蒙軍北返，派軍收復西京洛陽、東京開封、南京商丘南。結果蒙軍轉向攻南宋。直到年窩闊台死，蒙軍才停止大規模攻宋。繼位的蒙哥再舉大軍侵西蜀，結果在釣魚城負傷而亡，蒙軍於是全員撤還北方。蒙古內部展開

爭位之戰，元世祖忽必烈平定反對勢力後，於是改變戰略以「先攻襄陽，撤其捍蔽」爲目標。至元八年（1264），蒙古改國號爲元。元軍連續戰勝宋軍，勢如破竹。至元十三年（1269），南宋朝廷投降。十六年（1272），元軍在崖山擊敗殘存宋軍，陸秀夫背著小皇帝趙昺投海，南宋滅亡。

（圖 1-8）　元代疆域示意圖

圖片來源：南一書局編輯部繪製。

圖 1-9　成吉思汗

即元太祖。名鐵木真，姓孛兒只斤，乞顏氏族。1271 年元朝建立後，忽必烈追尊成吉思汗廟號爲太祖。維基百科

圖 1-10　忽必烈

成吉思汗之孫，蒙哥汗弟。中國元朝的創始者，廟號世祖，蒙古語尊稱薛禪皇帝。他也是第五代的蒙古大汗。百度知識

　　唐朝後期，朝政日壞，導致「安史之亂」的發生，唐朝就此中衰。「安史之亂」後，許多將領掌握地方軍政大權，不服朝廷的指揮，因此形成擁兵自重的藩鎮割據。另一方面，宦官亦掌握中央軍隊，干預起朝政；而朝中大臣各自結黨奪權，形成黨爭。藩鎮割據、宦官亂政與黨爭，致朝政轉為一個混亂局面，在唐朝末年爆發了「黃巢之亂」，戰亂遍及全國，唐朝賴以為生的江面經濟命脈受到了截斷。此後，黃巢降將朱溫平定亂事，但不久即代唐自立，建立後梁，開啓了「五代十國」的新局面。「五代十國」時期的兵器基本上繼承了唐代兵器的發展水準，主要是在鎧甲有所變化，另外通過各國間無數的征戰，致使攻守城池的特殊器械更加精良，提供宋、遼、夏、金、元各朝一個新時代的兵器發展。本文將通過從繼承五代十國時期的宋、遼、夏、金、元各代，中國歷史上兵器形制變化的論述，來探究此時期兵器的演變原因及其對中國科技、工藝、戰術上的影響，做一個初步的認識。

（圖 1-11）　元大都復原圖

圖片來源：元大都復原圖為水晶石數字科技有限公司繪製。該公司為亞洲數位視覺展示最大規模企業。作為全球領先的數位視覺技術及服務企業，水晶石數位科技致力以數位化三維技術為核心，提供與國際同步的全方位數位視覺服務。

第二章　繁盛與文弱－兩宋武備之形制

曳杖危樓去。斗垂天、滄波萬頃，月流煙渚。掃盡浮雲風不定，未放扁舟夜渡。宿雁落寒蘆深處、悵望關河空弔影，正人間鼻息鳴鼉鼓。誰伴我，醉中舞？十年一夢揚州路。倚高寒、愁生故國，氣吞驕虜。要斬樓蘭三尺劍，遺恨琵琶舊語。謾暗澀銅華塵土。喚取謫仙平章看，過苕溪尚許垂綸否？風浩蕩，欲飛舉。－北宋　張元幹〈賀新郎·寄李伯紀丞相〉

圖：宋代花錢上的武士，皇甫江，《中國刀劍》頁69。

張元幹（1091-1170），宋代福州人，字仲宗，自號蘆川居士、真隱山人。有〈賀新郎·寄李伯紀丞相〉詞一首，其澎湃內心大意為：「拖著手杖登上高樓去。仰望北斗星低低地垂掛在夜天，俯視滄江正翻起波浪萬頃，月亮流瀉在煙霧迷漫的洲渚。浮雲被橫掃淨盡、寒風飄拂不定，不能乘坐小船連夜飛渡。棲宿的鴻雁已經落在蕭索的蘆葦深處。懷著無限惆悵的心情，想望祖國分裂的山河，徒勞無益地相弔形影，這時只聽到人間發出的鼾聲象敲打鼉鼓。有誰肯陪伴我乘著酒興起舞？事隔十年好像一場噩夢，走盡了揚州路。獨倚高樓夜氣十分冷寒，一心懷愁為的是祖國，恨不得一氣吞下驕橫的胡虜。要親手殺死金的統治者用這把三尺的寶劍，莫使留下怨恨象王昭君彈出的琵琶怨語。讓寶劍暗淡無光，白白地生銹化為塵土。請你評論看看，經過苕溪時，還能允許我們垂綸放釣否？要乘著大風浩蕩，高高地飛翔騰舉。」[1] 由於張元幹於「靖康之難」時曾協助李綱保衛汴京，南渡後官至將作監，因不屑與秦檜同朝而棄官歸隱。隨宋政府南渡後，因為目睹民族災難，用詞抒發情懷，苦悶悲愴，慷慨激昂。《四庫全書總目》曾評價他為：

---

[1] 張元幹，〈賀新郎·寄李伯紀丞相〉，出自胡雲翼，《宋詞選·卷三》（臺北：明文出版社，1987）。中文翻譯引自 http://tw.knowledge.yahoo.com/question/question?qid=1607120710094。

「慷慨悲歌，數百年後，尚想其抑塞磊落之氣」。[1] 做為北宋與南宋間，承先啟後的愛國作詞家，此詞即為其代表。

　　宋朝雖結束了五代十國的攻伐紛亂，但其國勢與疆域已大不如漢、唐，尤其是北宋初年未能趁勝追擊，收復燕雲十六州，致使北方國防門戶大開，遊牧民族隨時都有南侵的可能。加以宋代政府主張推行文治，民間因而有「好男不當兵，好鐵不打釘」的重文輕武觀念，又，在「強幹弱枝」的政策之下，地方軍隊的素質及訓練低落，使得宋朝國防力量抵擋不住北方驍勇善戰的鐵騎。因此面對遼、西夏、金等民族的相繼掘起，難以在軍事上取得優勢，失去漢民族或儒家思想中「王天下」的實現理想。

第一節　刀劍龍鳴

　　「國之大事，在祀與戎」。[2] 戰爭是原始社會逐漸衍生出來的一種現象，而其中當做戰場上的主要工具—「兵器」，因戰爭的需要而出現與發展，並隨著人類生產技術的進步而不斷提高其品質、戰爭場面的規模擴大而數量增多、軍隊兵種構成的演變而種類趨向繁眾。兵器的生產水準代表著一個歷史時期的科學技術，民眾生產力水準的最前端。宋代是我國古代軍工手工業發展的重要時期，無論其作坊規模、造作技術和兵器產量等，都超過中國以往的歷朝歷代，在兵器生產管理方面所制訂的一系列制度和措施，在當時的時代背景之下，多還是切實可行的，這對於提高中國整個兵器生產管理水準，保存兵器造作的質與量是有其積極意義性，此亦為兩宋的武備制度之特色。

　　五代至宋之間，新的戰爭型態又蘊釀成形，由於火藥的發明與使用，熱兵器逐漸登上了歷史舞臺，這是宋代與各國間戰爭的一大特點。此時的騎兵戰力相當

---

[1] 迪志文化出版公司，《文淵閣四庫全書電子版資料庫》，〈蘆川詞提要〉條。
[2] 左丘明，《左傳》，〈成公十三年〉。

有限，主要以步戰、城池攻防戰與水戰爲多，在短柄兵器上，則吸收了西北少數民族的風格，形式龐雜，有斧、鐧、鞭、棒、鎚等，在接戰時配合長刀使用，以破解敵軍的鐵甲，而長刀也變化爲刀身微曲、刀頭較寬、厚脊薄刃、並帶有護手的型式，堅重有力，從少數出土的宋刀得知，此時也運用了純熟的夾鋼技術。在長柄的兵器方面，則有大刀、戟、斧、鉤、鎚等，可說無奇不有，這些都是爲了戰術上的需要而製作的；軍中以很少用劍，多由軍官的佩飾以指揮部隊，短刃厚脊鈍鋒，樣式重拙，不利擊刺，顯然象徵多於實用。雖然如此，但由於宋代軍隊對於武裝需求極其龐大，故對於刀劍的需求亦相當可觀。

（一）刀

兩宋的短兵器主要爲刀劍。其中刀是一種用於劈砍的單面利刃格鬥兵器，由刀身本體與刀柄所構成，根據劉熙《釋名·釋兵》中記載著：

> 刀，到也，以斬伐到其所，刀擊之也，其末曰鋒，言若鋒刺之毒利也。其本曰環，形似環也。其室曰削，削峭也，其形峭殺，裹刀體也。室口之飾曰琫，琫捧也，捧束口也。下末之飾曰珌，珌卑也，在下之言也。[1]

宋代《武經總要》中記載著八種刀，曰手刀、曰掉刀、曰屈刀、曰偃月刀、曰戟刀、曰眉尖刀、曰鳳嘴刀、曰筆刀。[2] 不過當時宋軍中的武力高超之將領，多會自行訂製自己喜好的特殊刀種，因此比總類就來得更多了。而根據文獻記載、石像雕刻及考古文物來看，當時主要的短柄刀爲手刀、環首直刀和彎刀。

（1）手刀

《武經總要》對宋代手刀的解釋爲：「手刀，一旁刃，柄短如劍。」[3] 此種刀往後則演變成現今短刀。手刀爲單手持握的近距離作戰短兵器，刀刃的強度可以破鐵甲，但是長度短，不適合只有單兵使用，應再搭配長柄兵器。例如（圖2-1）可見，《武經總要》中的雲梯車或是行女牆圖中，皆藏有宋軍持著手刀，準

---

[1] 劉熙，《釋名》，卷四〈釋兵〉。
[2] 曾公亮、丁度等撰，《武經總要》，卷十三〈器圖〉。
[3] 同上註。

備攀越敵城後，進行短兵相接之戰。由於攻城時，不適合攜帶長柄兵器，所以手刀爲軍隊之首選。

（圖 2-1）　　雲梯與行女牆

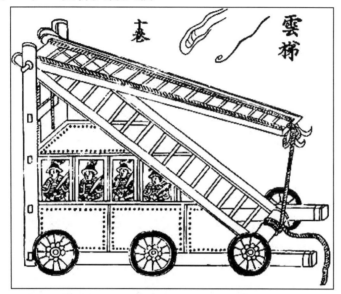

圖片來源：曾公亮、丁度等撰，《武經總要》，卷十〈攻城法〉。

（圖 2-2）　　宋代手刀圖

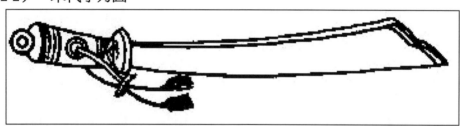

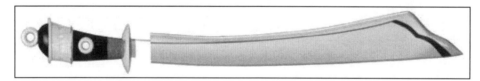

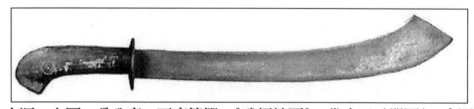

圖片來源：上圖：曾公亮、丁度等撰，《武經總要》，卷十三〈器圖〉。中圖：歷
　　　　　史群像，《戰略戰術兵器事典‧中國中世‧近代編》（東京：學研研究
　　　　　社，1995），頁 6。下圖：宋代手刀實物，皇甫江，《中國刀劍》（北
　　　　　京：明天出版社，2007），頁 65。

宋慶曆元年（1041），楊拯曾進獻「龍虎八陣圖及所製神盾、劈陣刀、手刀、鐵連槌、鐵簡，且言龍虎八陣圖有奇有正，有進有止，遠則射，近則擊以刀盾。彼蕃騎雖眾，見神盾之異，必遽奔潰，然後以驍騎夾擊，無不勝者。歷代用兵，未有經慮及此。帝閱于崇政殿，降詔獎諭。其後，言者以爲其器重大，緩急難用云。」[1] 慶曆三年（1043），則因「曩時手刀太重，今皆令輕便易用」，[2] 進行了一次形制上的改革。可知宋代初年，手刀即運用在對抗北方騎兵之上。

（2）環首直刀

漢代初期，車戰的比重逐漸下滑，騎兵已經是當時主要戰力，騎兵作戰須要靠揮刀砍殺，所以雙刃長劍不適應需求，薄刃厚脊的刀才有所受到重視。再加上漢代冶鐵技術的進步，因此先後煉製出了三十煉、五十煉乃至百煉環首鋼刀。環首鋼刀，一直到唐宋時開始轉型，便於衝鋒砍殺，對付北方遊牧民族，環首直刀和無環直刀傳至南方（南宋）形成「南刀」（有環）。此類刀身縮短，刀刃寬大、刀頭加闊、刀尖背斜。鎮江高資曾出土一把南宋的直刀實物，銘文記載是南宋咸淳六年（1270）製造的。刀長 83.3 釐米（公分），刀刃寬大鋒利，刀鐔爲桃形，刀柄帶環首。這把直刀不只是單手刀，也常用雙手持握使用。[3]

上述的環首鋼刀從漢代以後，歷經了魏晉南北朝和隋唐，其形制更迭變化。但卻一直以「長刀」或「長劍」的名稱，活躍在戰場上及軍隊之中，成爲一種雙手握持的軍事武備。到唐宋之交時，「長劍」發展成爲一個獨立的兵種，「長劍軍」往往是由最驍勇的將領統領的軍中主力。[4] 到了宋代，中國的雙手長刀技術已近於純熟，出現一種環首直刀的加長版，也就是史書中赫赫有名的「斬馬刀」。此類型即爲步兵作戰的環首長柄雙手刀，北宋曾大量用於軍中，用以對付契丹、西夏、蒙古等遊牧民族的騎兵。

---

[1] 脫脫等，《宋史》，卷一百九十七〈兵志〉。
[2] 同上註。
[3] 皇甫江，《中國刀劍》，頁 71。
[4] 像是五代時期的常思、徐懷玉、張歸弁、劉詞、朱友恭、孫繼鄴等，多因善戰而成爲「長劍指揮使」、「左長劍都虞候」等。參見薛居正，《舊五代史》及歐陽修，《新五代史》。

北宋元豐年間，劉昌祚等曾與敵軍作戰，即選「步兵之中，必先擇其魁健材力之卒，皆用斬馬刀，別以一將統之，如唐李嗣業用陌刀法。遇鐵鷂子衝突，或掠我陣腳，或踐踏我步人，則用斬馬刀以進，是取勝之一奇也。」[1] 根據研究，宋代有名的步戰用刀，即是從唐代陌刀所演變而來。《玉梅》載：「熙寧五年，作坊造斬馬刀，長三尺餘，鐔長尺餘，首為大環，上出以示蔡挺、挺奏，便於操擊，戰陣之利器也。五月庚辰，朔命置局造數萬口分賜邊臣。」[2]

（圖 2-3）　南宋士兵持環首直刀圖

圖片來源：歷史群像，《戰略戰術兵器事典・中國中世・近代編》（東京：學研研
　　　　　究社，1995），頁 6。

（圖 2-4）　宋代環首直刀石刻像與出土實物

圖片來源：http://thomaschen.freewebspace.com/images/tang_sword1.jpg。

---

[1] 脫脫等，《宋史》，卷一百九十〈兵志〉。
[2] 宋・王應麟（1223-1296），《玉梅》（南京：江蘇古籍出版社，1987）。

（圖 2-5）　宋代環首直刀出土實物

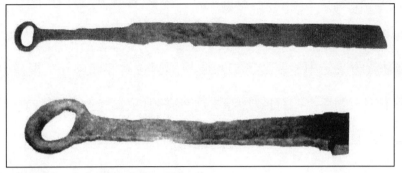

圖片來源：皇甫江，《中國刀劍》，頁 72。

（3）彎刀

　　彎刀，為宋代官軍所佩帶的刀，刀身呈弧形，屬宋代以後一直特別的形制。宋代開始，中國刀劍文化中逐漸融入了北方民族的器物，彎刀亦從此走上歷史的舞台。彎刀的優勢在使用於馬上，騎兵在進行突擊的時候，將彎刀平托，刀刃向前，借助馬的速度而推劈向敵人身體，由於彎刀有很好的曲度，接觸敵人身體瞬間沿刀刃的曲面滑動。所以可以連續的接觸敵人身體，切割力也就相應增加。而且在劈到堅硬的鎧甲時也不易被震飛脫手。相對而言直脊刀（環首直刀）就沒有這麼好的效果，要達到彎刀的效果，直脊刀（環首直刀）還要用上更大的砍劈力量才行。但是同樣重量的直脊刀（環首直刀）的長度要比彎刀長，所以作戰距離較遠。徒步格鬥還是直脊刀（環首直刀）上有著優勢。彎刀的優勢則在於速度，這是因為騎兵不能失去其速度作戰。

　　兩宋時代，因與北方戰爭頻仍，所以如吐蕃、党項、契丹、女真和蒙古等民族，在彎刀的發展上已經有著一定的規模。北宋李公麟在其名畫《免冑圖》中，畫了一個唐代的歷史事件，即是唐代宗即位沒多久，西域的回紇便就聚集了三十多萬人馬，預備要大舉進犯中原。當時朝廷政局並不穩定，又意面臨強敵的壓境，情況自然是危急萬分。幸好，朝中老將郭子儀臨危授命，率領了兵馬趕赴前線。回紇的將領明叫藥葛羅，原本就景仰郭子儀的為人，更以為郭將軍已經戰死，怎麼又會帶兵來抵抗呢？於是，便指名要和郭子儀在沙場上相見。郭的部下深怕回

紇兵使詐，紛紛勸阻郭子儀前往。但是郭子儀認為，唯有秉持一顆誠心，向回紇剖析各民族間必須和睦相處的道理，才有可能在寡不敵眾的局面中，化干戈為玉帛。此畫雖是畫唐朝之事，但是畫中回紇將領佩帶著波斯風格的雙碟形劍首，內鼓形圓柄及十字形護手，刀刃為柳葉形，狹窄鋒利，刀鋒上挑，具有相當的弧度。刀鞘提梁裝雙附耳，鞘尾箍裝為捲雲紋飾。

（圖 2-6）　免冑圖

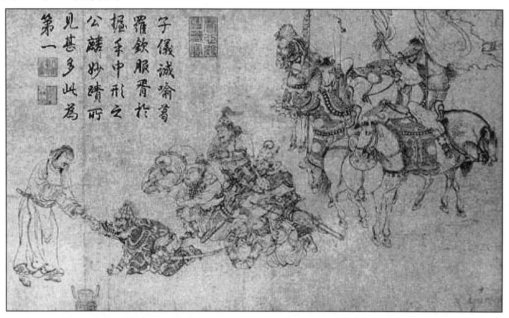

圖片來源：國立臺北故宮博物院藏。

（二）劍

劍可說是號稱百兵之君，是一種雙刃兵器，關於劍的形制以及各部名稱，（圖 2-7）根據劉熙《釋名·釋兵》中記載著：

> 劍，檢也，所以防檢非常也；又其在身拱時，欲在臂內也，其旁鼻曰鐔，鐔尋也，帶所貫尋也。其末曰鋒，鋒末之言也。[1]

在漢代，劍的材質多已用鐵製，但仍有銅製的劍，例如：河北省滿城縣中山靖王劉勝墓出土的鎏金銅劍，不過顯然漢代銅劍不是為了實戰目的。如同宋代所處背

---

[1]《釋名》，卷四〈釋兵〉。

景一樣，面對著北方強大的遊牧民族；而漢代最大的敵人，則是的匈奴，爲了抵抗匈奴的強大騎兵，漢朝積極擴充本身騎兵作戰能力，所以騎兵作戰發展迅速，當然也影響到所使用的兵器。因此宋代的戰場上，兩軍廝殺時，砍劈比刺穿的攻擊方式更加有效，因劍是以刺爲主的格鬥兵器，不適合於騎兵作戰，若揮劍砍劈，劍容易折斷，刀於是逐漸在戰場上取代了劍的地位。

（圖 2-7） 劍各部名稱

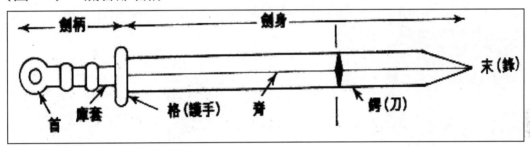

圖片來源：篠田耕一，《中國古兵器大全》，頁 32。

隋唐時期，配劍風氣極爲盛行，劍多用於朝廷服儀制度上，據文獻記載可知，劍在戰場上已無實戰功能，多用在象徵地位與朝廷官員服儀禮節之上。劍的形制歷經五代直到兩宋，劍制已經臻至純熟。在宋代官員佩劍制度方面：「宋初之制，進賢五梁冠：塗金銀花額，犀、玳瑁簪導，立筆。緋羅袍，白花羅中單，緋羅裙，緋羅蔽膝，並皁褾 ，白羅大帶，白羅方心曲領，玉劍、佩，銀革帶，暈錦綬，二玉環，白綾韈，皁皮履。一品、二品侍祠朝會則服之，中書門下則冠加籠巾貂蟬。三梁冠：犀角簪導，無中單，銀劍、佩，師子錦綬，銀環，餘同五梁冠。諸司三品、御史臺四品、兩省五品侍祠朝會則服之。御史大夫、中丞則冠有獬豸角，衣有中單。兩梁冠：犀角簪導，銅劍、佩，練鵲錦綬，銅環，餘同三梁冠。四品、五品侍祠朝會則服之。六品以下無中單，無劍、佩、綬。」[1]

而《武經總要》記載著劍有兩種形制，「劍飾有銀、 石、銅素之品，近邊臣乞制厚脊短身劍，軍頗便其用。」[2] 上述比較能夠反映出典型的宋代劍特色，

---

[1] 脫脫等，《宋史》，卷一百五十二〈輿服志〉。
[2] 曾公亮、丁度等撰，《武經總要》，卷十三〈器圖〉。

宋代名劍有蟠鋼。[1] 其鑄造方式爲發明活門式木扇，長足改良冶煉效率，灌鋼、團鋼，百火重鋼具體之操作法，至宋確定刀劍刃材更趨穩定可靠。精確使用冷鍛法製鋼。摺疊鍛打熱處理已規律化，因而有蟠鋼劍、錢塘劍之生產。至於使劍的名士，像《宋史》中出現了呂洞賓這位擅長劍術的仙人，史載：「關西逸人呂洞賓有劍術，百餘歲而童顏，步履輕疾，頃刻數百里，世以爲神仙。」[2]更有學劍四十年，而未實際在戰場上用劍的愛國詩人陸游。

圖 2-8　馬來克力士

指的是自菲律賓至印度一代馬來民族古代所用的劍。隕石鐵就是天上落在地球上的隕石，馬來人深知該鐵之堅韌。在古代，所有發現的隕鐵一律上交國有，由國王特交給制刃師使用。
http://aaq127.blog.sohu.com/40572248.html

圖 2-9　宋代浮雕銅裝獅首劍格短劍

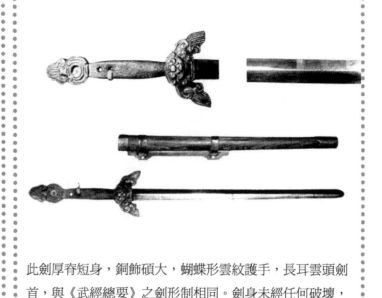

此劍厚脊短身，銅飾碩大，蝴蝶形雲紋護手，長耳雲頭劍首，與《武經總要》之劍形制相同。劍身未經任何破壞，包漿完好。劍身與後世流行之寬刃扁身大相逕庭，寬僅五分；厚達三分；長不盈尺半。鍛造極其精良，鋼刃堅硬，鐵身精純，鍛紋呈極其細密之牛毛狀，不需研磨已經一目了然，部分可以手捫之。夾鋼線明顯，劍體應爲三面覆合夾鋼結構。柄上兩件銅質裝具可能是直接澆鑄在劍莖處，厚重結實，紋飾夸而不浮，古意盎然。鐵莖呈圓弧形，與後世之扁平形亦不同，上開兩細孔，應是把柄固定處和通手花處，此劍造型承接唐式，款式符合宋制，鍛工精良超卓，保存完好如初，是已知唯一可確認爲宋劍的完整器。皇甫江，《中國刀劍》，頁 72。

---

[1] 古劍名。宋沈括《夢溪筆談・器用》：「古劍有沈盧、魚腸之名。…魚腸即今蟠鋼劍也，又謂之松文。」百度百科。所謂的花紋刃，是指刃身鑄成天然花紋，深入鋼鐵等金屬之中的各種紋理圖形。如及記載的龜紋、縵理、流水、深淵、高山、大川、流波、冰釋等紋樣。漢代人稱之爲松紋劍及蟠鋼劍。
[2] 脫脫等，《宋史》，卷四百五十七〈陳摶列傳〉。

（圖 **2-10**） 宋代各類型短兵器

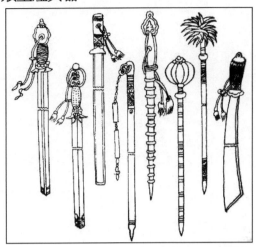

圖片來源：左一及左二爲劍。曾公亮、丁度等撰，《武經總要》，卷十三〈器圖〉。

（圖 **2-11**） 批甲揮刀之金剛

圖片來源：皇甫江，《中國刀劍》，頁 **71**。

（圖 **2-12**） 中興四將隨從佩劍圖

圖片來源：皇甫江，《中國刀劍》，頁 **75**。

第二節　槍稍如林

　　兩宋軍隊的將士，大致上可分爲步兵跟騎兵。步兵主要使用的兵器爲刀、槍、盾和弓弩等，身著由金屬與皮革材質製造的鑲嵌鎧甲，騎兵的武器則是弓弩、馬槊、長刀和盾牌。當然，兩宋兵士在攻守城池時，亦有使用攻守城戰具和燃燒性火兵器。其中長兵器主要功能是刺擊，適用於長距離攻擊範圍。長兵器（或長兵）在中國歷史上，多是指超過成年男子眉高的武器而言。槍爲一種在長柄上安有銳尖（即矛尖）的兵器，是以「槊」爲主要攻擊方式的兵器。長兵器柄具有相當的長度，和短兵器相比，在戰場上具有時效性好、可先發制人的優點。所以若是槍柄過長，兵士使用起來就不太靈活。《周禮‧考工記》就記載著「凡兵無過三其身，過三其身，弗能用也。」[1] 就是說長兵的長度，不要超過使用人身高的三倍爲原則。但是歷史上也曾出現過超過身長三倍、長達六公尺的長兵器。作爲攻擊使用的長兵器，柄長應該是和身高相對稱，才會得心應手，發揮出更大的威力。

　　長兵器作爲一個集團或軍隊的整體裝備來說，確定其長度的準則，應該考慮到整個戰鬥陣形有關。另外，統一該形制規格，更是便於軍工業的大量生產。總的來說，戰場上使用的兵器比較長，而一般武術中所運用的長兵器，則是按照操作者的實際狀況，將柄長度進行調整。長兵器以刺爲主要攻擊方式，其中又以直刺爲最常見。但根據力學原理，長兵器用「槊」來表現比「刺」更貼切，雖然殺傷範圍看似狹隘，但是在戰車或騎馬作戰時使用，則將使威力大增，甚至能夠穿透鋼鐵鎧甲。不過，這種以刺爲主的長兵器，多有一種致命的缺點，那就是刺中目標後，或槊透之後，通常很難拔出來。特別是在快速的行進中戰車和騎兵作戰，一旦刺中敵方，往往只有將長兵器放棄。在戰車成爲戰場主力（前十六至前三世紀）的年代，攻擊力甚強的戈、矛、戟、鈹、這些帶有青銅刀尖的長柄兵器，也就隨之成了主要兵器。特別是在貼身近戰的車戰中，戈是最好使的常用兵器，爲

---

[1]《周禮‧考工記》，卷四十一〈廬人〉。

此，發展出刺斬皆可的鉤鐮槍。在使用技法上，由於長兵器安有堅硬的長柄，所以也可作為棍棒來使用，於往後的槍法發展中，就融入許多棍法的打擊技巧。

長兵器在兵器中的地位歷代軍隊，攻防皆具優勢的長兵器。在敵騎兵進攻時，可用排列密集的長槍隊，用以保護我方的弓箭手。更是裝備裝甲騎兵的戰車必不可少的重要兵器。在武術界，長兵器也是一種象徵武勇的重要兵器。許多歷代名將，也都冠以「神槍」的美名。例如：《三國演義》猛將張飛的蛇矛、呂布的方天畫戟，還有《西遊記》豬八戒的九齒釘耙、沙悟淨的降魔杖，以及《水滸傳》中魯智深的禪杖和《南遊記》華光天王的降魔槍等，都給我們留下了深刻的印象。戰車衰敗之後，戟就成了長兵器之首。到了唐代，戟逐漸從實戰兵器變成了儀仗專用兵器。[1] 唐代以後，把以前稱之為矛、鈹的長兵器，改稱為槍，槍從此就成了長兵器的代名詞。宋朝以後，槍的樣式就更多了。

宋代主要的長兵器有兩種，一是長柄刀；另一則為槍：

（1）長柄刀，為軍隊中常用的兵器之一，主要有屈刀、掩月刀、眉尖刀、鳳嘴刀、掉刀、戟刀和筆刀等七種款式。前五種刀是一刃，刃的前端銳利，後方則斜闊，木質長柄，柄的末稍安裝著有鐵鐏，該鐵鐏為一種圓錐形的金屬套環，可以插入土地之中。掉刀則是由唐代「陌刀」所演變而來，陌刀，據《唐六典》載：「陌刀，長刀也。步兵所持，蓋古之斬馬劍。」[2] 據推測，陌刀是由漢代對匈奴戰爭中的長刀發展而來，是一種安裝有長柄的砍殺兵器。陌刀在唐代最初是為了對付突厥騎兵，後來在諸軍中流行是因為對付以騎兵稱雄的唐之「四夷」；盛唐時，節度使制度逐漸發展，使得各地的軍隊裝備、訓練走向正規化，陌刀也成為唐步兵的主力兵器之一，同時，各道節度使招兵買馬，騎兵興盛，唐朝政府為對付逐漸脫離中央的節度使騎兵，讓克制騎兵的陌刀，一直流行到晚唐時代。陌刀是相當流行的殺傷力強大兵器，其形制為直背直刃，通長一丈，重十五至五十斤左右。由於掉刀具有破壞的威力，能在短時間可以大量殺傷敵軍，震攝對手，振

---

[1] 請參見林智隆、陳鈺祥，《隋唐五代兵器研究初稿》（臺北：文史哲出版社，2007），頁20-28。
[2] 李林甫，《唐六典》，卷十六〈衛尉寺・武庫令〉。

奮軍心，因而扭轉戰局。所以當宋軍將掉刀列於陣前，橫向敵軍密進，刀光凜然，可謂是所向披靡。

　　而宋代長兵器之中，「戟刀」為最具特色性。《武經總要》中在長柄鐵刀類中，繪有一種「戟刀」。戟刀通常全長五尺，其中刀尖長四寸，邊鋒長一尺。刀柄粗可用手握持把盈，柄尾如同其他長兵器一樣，皆有一種三稜形的鐵鐏。戟刀在對敵作戰時可發揮前尖邊鋒的特點，聲東擊西，虛實多變，其主要用法有砍、剁、刺、掛、劈、掃、截、撩、削、蓋、擢、架等。「戟刀」又與「方天戟」形制類似。方天畫戟，簡稱畫戟，為中國古代兵器之一。小說《三國演義》中，呂布以擅使方天畫戟見稱。根據《三國演義》的形容，方天畫戟是一支鋼矛配上兩面呈半月形的刀刃，所以能使砍、刺、挑、格等招式，彌補了長矛只能使用刺的不足，也不像刀只能用於近身搏擊。根據《唐書》的記載，唐太宗至唐高宗時的名將平遼王薛仁貴也以擅使方天畫戟而見稱。小說《水滸傳》中，善使方天戟的郭盛，外號就是「賽仁貴」。[1]其攻擊方式既能直刺，扎挑，又能勾、啄，是步兵、騎兵使用的利器。該兵器之命名意含是：方天，可與上天相比之意；畫，用畫裝飾的或以圖案等裝飾的，也指皺紋、紋縷。所以方天畫戟的意思就是可與上天相比的畫戟，命名多有誇張意，旨在說明該戟有多厲害，使用者一定不凡。[2]

（圖 2-13）　北京香山古建築彩繪「三英戰呂布」

圖片來源：呂布（圖左）所執的即是方天畫戟，右二關羽則手持《武經總要》提到的掩月刀。維基百科，方天畫戟條。

---

[1] 維基百科，方天畫戟條。
[2] Tsukipedia 百科。http://www.aiplus.idv.tw/wiki。

（圖 2-14）　　《武經總要》中的長兵器

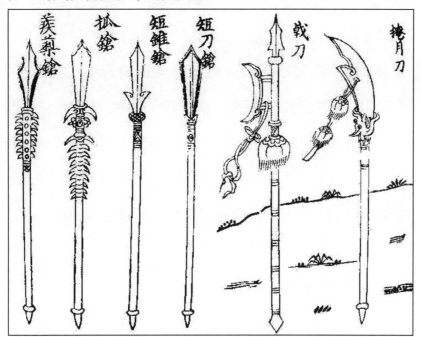

圖片來源：曾公亮、丁度等撰，《武經總要》，卷十三〈器圖〉。

（圖 2-15）　　宋代各式長兵器

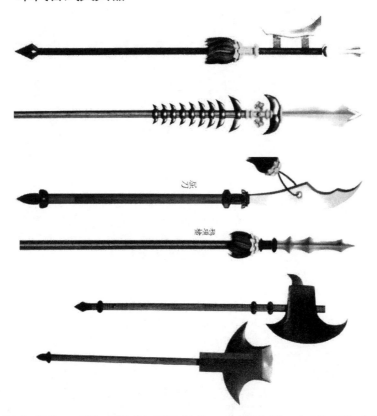

圖片來源：歷史群像，《戰略戰術兵器事典‧中國中世‧近代編》（東京：學研研
　　　　　究社，1995），頁 6。

　　除了上述之刀類的長兵器之外，根據《武經總要》之中，就列舉了十八種宋代長桿鐵槍，其中還有：搗馬突槍、雙鉤槍、環子槍、單鉤槍、拐槍、拐突槍、錐槍等。[1] 北宋槍的形制上較爲複雜，有分步兵和騎兵使用，更有攻守城池專屬之用。步兵所使用的有雙鉤槍、環子槍、單鉤槍、素木槍、鴉項槍、錐槍、太寧筆槍等七種款。這些長柄槍皆以木爲槍桿，上面安裝著槍頭，桿尾裝置有鐵鐏。騎兵使用的槍，其槍頭側有倒鉤或在桿上施環，故被稱爲：雙鉤槍、環子槍、單鉤槍。而素木槍、鴉項槍，則是用錫金屬裝飾著鐵嘴，跟鳥項相同，所以有其名。錐槍，《武經總要》中載：「其刃爲四棱，頗壯銳，不可折，形如麥穗，邊人謂爲麥穗槍。」[2] 太寧筆槍的部分，其首刃下數寸施小鐵盤，皆有刃，若是用刺擊，則敵人則無法捉搦。名稱以狀類筆，所以命名之爲筆槍，「近有靜戎筆，亦其小異也，今不悉出。」[3]

　　另外，專門用在攻城時的兵器爲：拐槍、短刃槍、短錐槍、抓槍、蒺藜槍等，其特點就是槍桿較短（桿長不超過六尺），便於在掩護挖掘城角的車頭、諸棚中或是在地道中戰鬥來使用。專用在守城的有拐突槍、抓槍、拐刃槍、鉤筆槍等。該特點是桿身較長（約二丈五尺左右），便於刺殺正在爬牆上城的敵軍。[4] 還有

---

[1] 曾公亮、丁度等撰，《武經總要》。

[2] 曾公亮、丁度等撰，《武經總要》，卷十三〈器圖〉。

[3] 同上註。

[4] 攻守城之槍在《武經總要》中載：「蒺藜、蒜頭骨朵二色，以鐵若木爲大首。跡其意，本爲胍肫。胍肫，大腹也，謂其形如胍而大，後人語訛，以胍爲骨，以肫爲朵（其首形制不常，或如蒺藜，或如羔首，俗亦隨宜呼之）。短柄鐵鏈皆骨朵類，特形制小異爾。鐵鞭、鐵簡，兩色。鞭其形，大小長短，隨人力所勝用之。人有作四棱者，謂之鐵簡，言方棱似簡形，皆鞭類也。鐵鏈夾棒，本出西戎，馬上用之，以敵漢之步兵。其狀如農家打麥之枷，以鐵飾之，利於自上擊下，故漢兵善用者巧於戎人。右取堅重木爲之，長四五尺，異名有四：曰棒、曰輪、曰杵、曰桿。有以鐵裹其上者，人謂訶藜棒。近邊臣施棒首施銳刃，下作倒雙鉤，謂之鉤棒。無刃而鉤者，亦曰鐵抓。植釘於上，如狼牙者，曰狼牙棒。本末均大者，爲杵；長細而堅重者，爲桿。亦有施刃炫者，大抵皆棒之一種。右搗馬突槍，其狀如槍，而刃首微闊。劍飾有銀、　石、銅素之品，近邊臣乞制厚脊短身劍，軍頗便其用。大斧，一面刃，長柯，近有開山、靜燕、日華、無敵、長柯之名，大抵其形一耳。右手刀，一旁刃，柄短如劍掉刀，刃首上闊，長柄，施炫。屈刀，刃前銳，後斜闊，長柄，施炫。其小別有筆刀。此皆軍中常用。其間健鬥者，兢爲異制以自表，故刀則有太平、定我、朝天、開山、開陣、割陣、偏刀、車刀、七首之名，掉則有兩刃、山字之制，要皆小異，故不悉出。右槍九色，其制：木桿，上刃下炫，騎兵則槍首之側施例雙鉤、倒單鉤，或桿上施環；步兵則直用素木或鴉項。鴉項者，以錫飾鐵嘴，如鳥項之白。其小別，有錐槍、梭槍、槌槍。」

專南宋抗金名將岳飛，極善使槍，至今尚有岳家槍法。（參見圖 2-16）

圖 2-16　岳飛與瀝泉槍

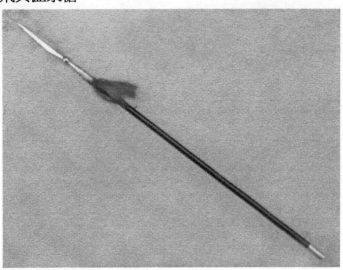

　　岳飛極善使槍，至今尚有岳家槍法流傳。岳家槍法一改當時流行的斜出槍，而是直取中宮兩邊蕩（也叫兩邊擋、兩邊打，因勢而變），左撥右引身先躬，反手斜上直指腰。相比楊家槍法，岳家槍更簡潔實用、速度更快，尤其是以形意爲先，暗合太極的原理。岳家槍法中包括回身槍，出槍的範圍多在中腹，這樣就增大了命中的概率。

　　瀝泉槍是岳飛的兵器，乃是神器。據《岳飛全傳》，岳飛的師父周侗去看望他的老友志明長老，志明長老是個有德行的高僧，住在瀝泉山，岳飛等陪同師父同去。到了次日清早，周侗辭別長老要回去了。長老道：「難得老友到此，且待早齋了去。」周侗只得應允。坐下了少刻，只見小沙彌捧上茶來，吃了，周侗道：「小弟一向聞說這裡有個瀝泉，烹茶甚佳，果有此說否？」長老道：「這座山原名瀝泉山，山後有一洞，名爲瀝泉洞。那洞中這股泉水本是奇品，不獨味甘，若取來洗目，便老花復明。本寺原取來烹茶待客，不意近日有一怪事，那洞中常常噴出一股煙霧迷漫，人若觸著他，便昏迷不醒，因此不能取來奉敬。這幾日，只吃些天泉。」周侗道：「這是小弟無緣，所以有此奇事。」

　　那岳飛在旁聽了，暗暗想道：「既有這等妙處，怕甚麼霧？多因是這老和尚慳吝，故意說這等話來唬嚇人。待我去取些來。與師父洗洗眼目，也見我一點孝心。」遂暗暗的向小沙彌問了山後的路徑，討個大茶碗，出了庵門，轉到後邊。祇見半山中果有一縷流泉，旁邊一塊大石上邊，鑴著「瀝泉奇品」四個大字，卻是蘇東坡的筆跡。那泉上一個石洞，洞中卻伸出一個鬥大的蛇頭，眼光四射，口中流出涎來，點點滴滴，滴在水內。岳飛想道：「這個孽畜口內之物，有何好處？滴在水中，如何用得？待我打死他。」便放下茶碗，捧起一塊大石頭，觀得親切，望那蛇頭上打去。不打時猶可，這一打不偏不歪，恰恰打在蛇頭上。祇聽得呼的一聲響，一霎時星霧迷漫，那蛇銅鈴一般的眼露出金光，張開血盆般大口，望著岳飛撲面撞來。岳飛連忙把身子一側，讓過蛇頭，趁著勢將蛇尾一拖。一聲響亮，定睛再看時，手中拿的那裏是蛇尾，卻是一條丈八長的蘸金槍，槍桿上有「瀝泉神矛」四個字。回頭看那泉水已乾涸了，並無一滴。「神韻」內涵－十八般兵器話長槍

（圖 2-17）　　《武經總要》中的長槍兵器

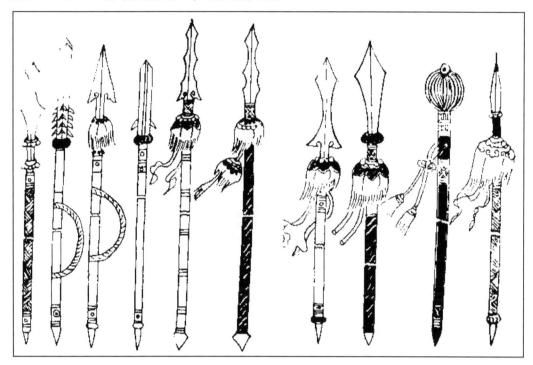

圖片來源：曾公亮、丁度等撰，《武經總要》，卷十三〈器圖〉。

（圖 2-18）　　《武經總要》中的攻守城兵器

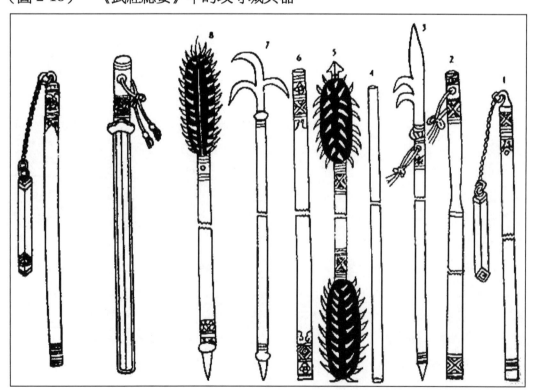

圖片來源：曾公亮、丁度等撰，《武經總要》，卷十三〈器圖〉。

斧、鉞的外形至今仍沒有太大的變化。是在木柄上安上一個寬大帶刃的斧頭的一種兵器，屬於以劈、砍爲主要攻擊手段的長兵器。宋朝的大斧，是中國古代最大又最有威力的斧。普通弓、弩射不透的鎧甲，卻難以抵禦大斧的威力。在戰場上，大斧的主要攻擊目標，是馬腿和人的胸部。因爲只要把戰馬的馬腳砍斷，敵方士兵隨即失去戰鬥力。鉞的形狀像斧，但是比斧大，圓刃長柄。鉞有「斧王」之稱號，多用於打仗。宋代軍隊裡裝備有很多斧這種工具，用來築城或構築營地。在功城的時候，搗毀城牆、挖坑 這也是常常使用。

斧、鉞作爲兵器經常使用於實戰，和裝甲騎兵的出現有相關性。最有名的有娥眉罐和鳳頭斧。這些斧，既是挖掘坑道的工具，又是一種殺傷力很大的白刃格鬥兵器。所以在後來的明代，就把板斧和宣花斧作爲近戰的主力兵器來使用。這是因爲宋代，遼、西夏和金這些北方的遊牧民族，常常以裝甲騎兵作爲主力來攻打宋軍。宋軍多依靠斧、鉞等兵器，分別在宋高宗紹興十年（1140）的順昌和明年的柘皋這兩大戰役中，打破了裝甲騎兵不可戰勝的神話。宋建炎四年（1130），金兀術轉兵陝西，欲先下蜀，然後東西合勢以取江南。宋、金兩軍交戰，宋兵上北崗布排疊陣，以長槍居前作衝鋒式半跪，長槍隊後依次布強弓、勁弩、神臂弓，兩翼布騎兵，步兵居中，拒馬置兩肋，金兵相距百步，神臂弓齊放；相距七十步，強弓齊放；再近強弩發射。金兵稍退，長槍手躍起突入陣中，金兵敗走。於是金軍元帥金兀術曾云：「宋軍武器之中，最好、最厲害的是神臂弓，其次就是大斧，除此之外，就沒有什麼可怕的兵器了。」

在古典小說中，出現了許多使大斧的英雄好漢。記述隋末動亂到唐代建立這段歷史故事的《說唐演義》中的程咬金，就是手使一把宣花大斧而稱著于世的猛將。在歷史上，程咬金是唐太宗李世民帳下的一員猛將，常掛先鋒帥印，在戰場上出生入死，爲唐朝的建立立下了汗馬功勞。除了大斧這樣的長兵器外，還有單手用的板斧和宣花斧這樣的短兵器。板斧斧柄多爲木質，斧刃是在軟鐵上包上硬質鋼鍛造而成。使用板斧者，要算《水滸傳》中的黑旋風李逵最有名氣，由此得

到「黑旋風」的綽號。

（圖 2-19）　　《武經總要》中的斧

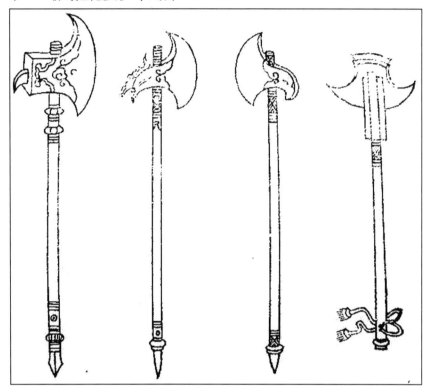

圖片來源：曾公亮、丁度等撰，《武經總要》，卷十三〈器圖〉。

（圖 2-20）　　北宋鎏金魚龍紋鐵斧

圖片來源：杜文玉等編著，《圖說中國古代兵器與兵書》（西安：世界圖書出版社，
　　　　　2007），頁 72。

（圖 2-21） 宋陵持斧武將

圖片來源：中國國家博物館，《文物中國史—宋元時代》（香港：中華書局，2004），
頁 31。宋軍就是用這種大斧，來擊退驍勇的金國鐵騎。

第三節　風勁弓鳴

　　弓可以說是遠射兵器中最古老的一種彈射武器，最早製弓的材料，根據《周
禮・考工記》中記載爲：幹（竹或木材質）、角、筋、膠、絲、漆等「六材」。
這些材料各有其特定的用處，幹是使箭能夠射遠，角是讓箭射出去的快，筋的作
用是能夠射深，膠的用處是在於黏合，絲是讓弓能夠牢固，漆則是讓弓不受到潮
濕。關於弓的形制，在劉熙《釋名・釋兵》裡提到：

弓，穹也，張之弓隆然也。其末曰簫、言簫梢也，又謂之弭，以骨為之，滑弭弭也，中央曰弣，弣撫也，人所持撫也，簫弣之間曰淵，淵宛也，言曲宛也。[1]

到了五代時期，弓已經出現了多樣化的發展，除了直弓、彎弓外，更有單體弓、強化弓、複合弓等。兩宋時代的弓弩種類更加繁多，在《武經總要》一書就記錄有弓四種，弩十二種（包含六種床弩）。這些弩的規格各異，以符合不同的軍事需求。[2] 在單人操作的弩方面，除了《武經總要》所載的六種之外，就以神臂弓最為著名。據《夢溪筆談》所載熙寧年間，李定獻偏架弩，似弓而施軌鐙。以鐙距地而張之，射三百步，能洞重札，謂之「神臂弓」，最為利器。李定本是西夏党項人之首領，後自投歸宋朝，因此將「神臂弓」引進中原。[3] 神臂弓是一種用腳踏張開的弩，弓身長三尺二寸（約 1 公尺），弦長二尺五寸（0.8 公尺），後此弓經內府都知張若水呈上。由於這種弩據《宋史‧兵志》所載：

部侍郎李昌圖言：「弓矢之利，貴於便疾。神臂弓斗力及遠，屢獲其用。後又造神勁弓，及遠雖在神臂弓上，軍中多言其發遲，每神臂三矢而神勁方能一發，若臨敵之際，便疾反出神臂下。」上曰：「平原曠野宜用神勁弓，西蜀崇山峻嶺，未知孰利。」詔金州都統司詳議以聞。既而都統制吳挺奏：「神勁弓並彈子頭箭，諸軍用之誠便疾，神臂不及也。」詔從其便。

---

[1] 劉熙，《釋名》，卷四〈釋兵〉。

[2] 曾公亮、丁度等撰，《武經總要》，卷十三〈器圖〉。其中關於弓弩方面載：雙弓床弩，前後各施一弓，以繩軸絞張之，下施床承弩。其名有小大合蟬，有手射合蟬者，謂如兩蟬之狀。大者張時用十許人，次者五七人，一工準所射高下，一人以槌發其牙，箭用大小鑿頭箭。惟手射鬥子弩最小，數人就床張訖，一人手發之，射並及一百二十大步。三弓床弩，前二弓，後一弓，世亦名八牛弩。張時，凡百許人，法皆如雙弓弩，箭用木　鐵羽，世謂之一槍三劍箭。其次者用五七十人，箭則或鐵或翎為羽。次三弓並利攻城，故人謂其箭為踏橛箭者，以其射著城上，人可踏而登之也。又有系鐵鬥於弦上，鬥中著常箭數十隻，凡一發可中數十人，世謂之鬥子箭，亦雲寒鴉箭，言矢之紛散如鴉飛也。三弩並射及二百大步，其箭皆可施火藥用之，輕重以弩力為準。古人自踏張者，其飾有黑漆、黃白樺、雌黃樺，稍小則有跳鐙弩、木弩。跳鐙弩赤曰小黃，其用尤利；木弩雖可施，不能久，邊兵不甚用。其力之強弱，皆以石鬥為等。箭有點鋼、木羽、風物、木撲頭、三停。木羽者，以木為　羽。鹹平初，軍校石歸宋上之。箭中人，雖去，鏃留，牢不可拔，戎人最畏之。風羽者，謂當安羽處，剔空兩邊，以客風氣，則射時不掉，此不常用，備翎羽之乏耳。三停者，箭形至短，羽、　、鏃三停，故雲三停；箭中物，不能出，以短故也。

[3] 沈括，《夢溪筆談》，卷十九〈器用門〉。

楚州兵馬鈐轄言：「弩之力，勁者三十石，次者十五石，矢之鏃狀若鍬，所發何嘗數百步，洞穿數人。江上諸軍有弩式，皆廢不修。」詔兩淮、荊襄沿邊城守，各製二十枝，御前軍器所亦如之。紹熙而後，日造器械，數目山積。[1]

「神臂弓」的射程遠達三百四十餘步，超過 500 公尺，所以受到相當程度的重視，後由軍器監仿製。南宋時，韓世忠將其改良成克敵弓，射程達 558 公尺，更能射穿金人騎兵的馬甲，且宋代名將岳飛及韓世忠皆能挽超過 3 石（約 165 公斤）的弓，皆被視使用弓弩的猛將。[2] 此外，根據《宋史‧兵志》所載宋代元豐元年間，更下詔考核京校試諸軍技藝，成績分上中下三等。分為步射，馬射及弩射。不合格者降一等，無可降者罷之。[3]

（圖 2-22）　神臂弓想像圖

圖片來源：中國國家博物館，《文物中國史—宋元時代》（香港：中華書局，2004），
　　　　　頁 31。神臂弩為單兵操射之弩，在 460 公尺射程內，可射透兩層鱗甲。

（圖 2-23）　弓箭

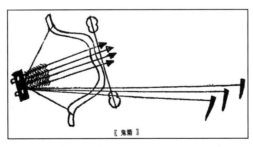

圖片來源：杜文玉等編著，《圖說中國古代兵器與兵書》，頁 117。

---

[1] 脫脫等，《宋史》，卷一百九十七〈兵志〉。
[2] 劉方，《古代兵器》，（中國：經濟管理出版社，1995），頁 84-85。
[3] 脫脫等，《宋史》，卷一百九十七〈兵志〉。

　　《宋史‧兵志》曾載云：「其工署則有南北作坊，有弓弩院，諸州皆有作院，皆役工徒而限其常課。南北作坊歲造塗金脊鐵甲等凡三萬二千，弓弩院歲造角弝弓等凡千六百五十餘萬，諸州歲造黃樺黑漆弓弩等凡六百二十餘萬。又南北作坊及諸州別造兵幕、甲袋、梭衫等什物，以備軍行之用。京師所造，十日一進，謂之『旬課』」，上親閱視，置五庫以貯之‧嘗令試牀子弩於郊外，矢及七百步，又令別造步弩以試。戎具精緻犀利，近代未有。」[1] 當時宋朝南北作院歲造萬餘武備，由此可知，當時宋代對武器需求之盛，而兵器之中又以弓弩最受注目。以下就針對宋代弩的部分加以介紹。

　　弩的形制據劉熙《釋名‧釋兵》可知：「弩，怒也，有勢怒也。其柄曰臂，似人臂也。鉤絃者曰牙，似齒牙也。牙外曰郭，為牙之規郭也。下曰懸刀，其形然也。合名之曰機，言如機之巧也，亦言如門戶之樞機開闔有節也。」[2] 可知弩的形制為弩機、弩臂、弩弓三部分。古代弩的尺寸有多種，但是個人用的弩，以臂長 50-80cm 的為多見。翼和臂的比例為 1：1.2 至 1：2.5。機的長度為 9-15cm。弩的拉弦方式有臂張、蹶張以及腰引法，漢弩引弦力量的大小以石為計算單位，居延竹簡中的記載，當時有一、三、四、五、六、七、八、十石等各種弩。又據居延竹簡所記設程進行推算，三石弩可射 189 公尺，四石弩可射 252 公尺，十石弩的射程可以達到 600 公尺以上。[3]

　　漢代時，已經出現與弩同為遠距離攻擊的兵器－拋石機。拋石機在漢代已在戰爭中被運用，此種兵器被稱之為「砲」或「礮」。魏明帝《善哉行》：「發砲若雷。」[4] 《說文》：「建大木置石其上，發以機，以追敵。」[5] 它是在大木架上裝梢桿，桿的後端系著許多繩索，前端用繩連結一個盛石彈的皮窩，發射時由許多人猛拽繩索，石彈就被拋出。《史記‧王翦列傳》引張晏注，約在西漢成書

[1] 脫脫等，《宋史》，卷一百九十七〈兵志〉。
[2] 《釋名》，卷四〈釋兵〉。
[3] 王兆春，《中國軍事技術史‧軍事技術卷》，頁 65。
[4] 曹睿，〈善哉行〉，《先秦漢魏晉南北朝詩》，卷五。
[5] 《毛詩注疏》，卷二十四〈考證〉，引注《說文》。

的《范蠡兵法》提到：「飛石重十二斤，為機發行三百步。」[1]《漢書·甘延壽傳》引注《范蠡兵法》：「飛石重十二斤，為機發行二百步。延壽有力，能以手投之，拔距，超距也。」[2] 兩處的記載數字雖有出入，但是仍可發現這種武器性能的大概輪廓。

北宋亦發展巨型的床弩，其以複合弓來發射，威力強大。床弩之弦以絞車拉動張開，每次可發射數十箭，可密集攻擊對人。[3] 此外，攻城軍亦會利用其射擊城牆，以便士兵可以上城進攻，所以又稱這種弩箭為「踏橛箭」。據《武經總要》中所載各種床弩有雙弓床弩、鄓子弩、小合蟬弩，手射弩及三弓弩等。由七至七十人操控，而射程可達 140 步（約 220 公尺）至最遠 300 步（約 470 公尺）。[4]

（圖 2-24）　《武經總要》中的三弓弩

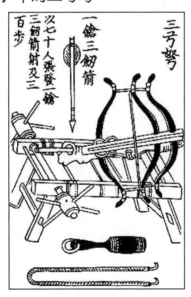

圖片來源：曾公亮、丁度等撰，《武經總要》，卷十三〈器圖〉。

---

[1]《史記》，卷七十三〈王翦列傳〉。

[2]《漢書》，卷七十〈甘延壽列傳〉。

[3] 中國國家博物館，《文物中國史—宋元時代》（香港：中華書局，2004），頁 33。

[4] 曾公亮、丁度等撰，《武經總要》，卷十三〈器圖〉。提到：雙弓床弩，前後各施一弓，以繩軸絞張之，下施床承弩。其名有小大合蟬，有手射合蟬者，謂如兩蟬之狀。大者張時用十許人，次者五七人，一工準所射高下，一人以槌發其牙，箭用大小鑿頭箭。惟手射鬥子弩最小，數人就床張訖，一人手發之，射並及一百二十大步。三弓床弩，前二弓，後一弓，世亦名八牛弩。張時，凡百許人，法皆如雙弓弩，箭用木　鐵羽，世謂之一槍三劍箭。其次者用五七十人，箭則或鐵或翎為羽。次三弓並利攻城，故人謂其箭為踏橛箭者，以其射著城上，人可踏而登之也。又有系鐵鬥於弦上，鬥中著常箭數十隻，凡一發可中數十人，世謂之鬥子箭，亦云寒鴉箭，言矢之紛散如鴉飛也。三弩並射及二百大步，其箭皆可施火藥用之，輕重以弩力為準。

（圖 2-25）　　床弩的想像圖

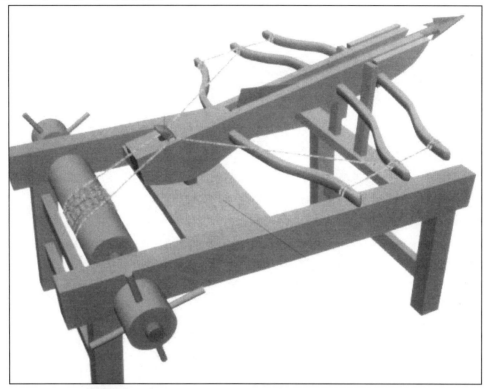

圖片來源：中國國家博物館，《文物中國史—宋元時代》，頁 30。

（圖 2-26）　　《武經總要》中的各式弓箭

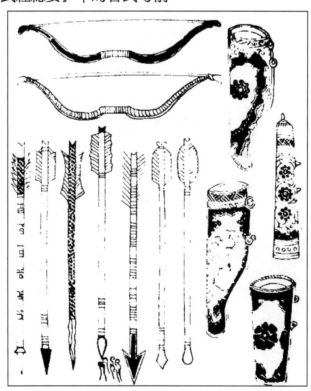

圖片來源：曾公亮、丁度等撰，《武經總要》，卷十三〈器圖〉。

第四節　甲光金麟

　　甲在古代亦稱爲介、函及鎧，關於鎧甲的介紹，在劉熙《釋名·釋兵》裡有提到：「鎧，猶塏也。塏堅重之言也，或謂之甲，似物孚甲，以自禦也。」[1] 從中國各地所出土的實物來看，古代戰甲，大多是用犀牛、鯊魚等皮革來製成，有的甚至在甲上繪製色彩；皮甲其形制由甲身、甲袖和甲裙組成；甲片的編綴方法，橫向均左片壓右片，縱向均爲下排壓上排；冑也是用十八片甲片編綴起來的。除皮甲之外，上古商周時期的戰甲還有「練甲」和「鐵甲」等。練甲的發展時間較早，大多是以縑帛夾厚綿製作，屬布甲範疇。鐵甲出現於戰國的中晚期，它的前身以青銅爲甲，是一種比較素面的獸面胸甲。當時的鐵甲通常以鐵片製成魚鱗或柳葉形狀的甲片，經過皮或綿繩穿組聯結而成。

　　中國宋代的步人甲（步兵鎧甲）是中國歷史上最重的鎧甲，根據《武經總要》記載：「鐵、皮、紙三等，其制有甲身，上綴披膊，下屬吊腿，首則兜鍪頓項。貴者鐵，則有鎖甲；次則錦繡緣繪裏；馬裝，則並以皮，或如列鐵，或如笏頭，上者以銀飾，次則朱漆二種而已。」[2] 北宋步人甲由鐵質甲葉用皮條或甲釘連綴而成，屬於典型的劄甲。其防護範圍包括全身，以防護範圍而言，是最接近歐洲重甲的中國鎧甲，但是也沒達到歐洲重甲那種密不透風般的防護程度。

　　根據宋紹興四年（1134）年的規定，步人甲由 1,825 枚甲葉組成，總重量達 29 公斤，同時可通過增加甲葉的數量來提高防護力，不過缺點是重量會進一步上升。爲此，宋代皇帝親自賜命，規定步兵鎧甲裝備以 29.8 公斤爲限。之後，又將長槍手的鎧甲重量定爲 32 至 35 公斤；由於弓箭手經常捲入近戰格鬥，其鎧甲規定爲 28 至 33 公斤；而弩射手的鎧甲定爲 22 至 27 公斤。同時期的歐洲步騎兵的鎧甲類型還以鎖子甲爲主，尚未達到中國宋軍如此的重量。

---

[1] 《釋名》，卷四〈釋兵〉。
[2] 曾公亮、丁度等撰，《武經總要》，卷十三〈器圖〉。

宋紹興十年（1140）前後，是宋朝軍隊最強大的時期。名將岳飛、韓世忠等，率領以鐵甲、長槍強弩爲主要裝備的重步兵，以密集陣容屢屢擊敗女真族金朝騎兵。包括兵器在內，當時宋軍重步兵的負荷高達 40 至 50 公斤，由於裝備過重，機動性受到影響，如紹興十一年（1141）的柘皋戰役，以步兵爲主力的宋軍，由於身被重甲，加上過於長大的兵器，負荷過重，因爲未能全殲已潰不成軍的金朝騎兵。[1]

（圖 2-27） 《武經總要》中的各式鎧甲

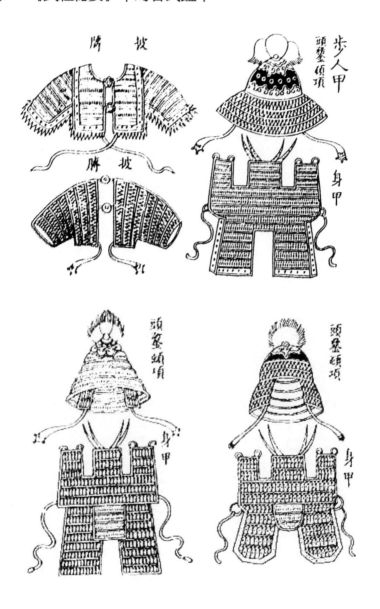

---

[1] 資料整理自香港古代圓桌武士網，〈古代鎧甲〉，http://hk.geocities.com/rswsword/6.htm。

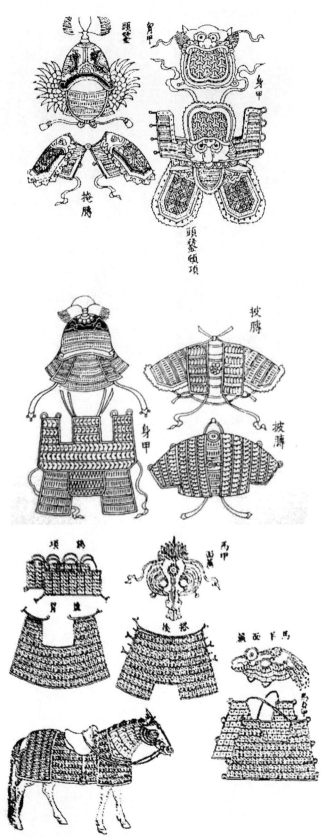

圖片來源：曾公亮、丁度等撰，《武經總要》，卷十三〈器圖〉。復原圖自：劉永
華，《中國古代軍戎服飾》（上海：上海古籍出版社，2003），頁 121。

（圖 2-28） 四川廣元宋墓石刻

圖片來源：劉永華，《中國古代軍戎服飾》，頁 121。左圖：西室西壁女武士像。
右圖：東室東壁女武士像。

（圖 2-29） 北宋天王石刻像

圖片來源：劉永華，《中國古代軍戎服飾》，頁 120。

（圖 2-30） 河南省永裕、永熙、永昭陵將軍像

圖片來源：劉永華，《中國古代軍戎服飾》，頁 **117**。

（圖 2-31）　宋代武士像

圖片來源：左為山西石刻武士像；右為成都三彩武士俑。劉永華，《中國古代軍
　　　　　戎服飾》，頁 118。

（圖 2-32）　宋代武士像

圖片來源：左為陝西紅陶武士像；右為成都三彩武士俑。劉永華，《中國古代軍
　　　　　戎服飾》，頁 119。

（圖 2-33）　宋代武士像

圖片來源：左三至左一為北宋壁畫墓儀衛像；右一為中興四將隨從佩劍圖。劉永
　　　　華，《中國古代軍戎服飾》，頁 124。皇甫江，《中國刀劍》，頁 68。

（圖 2-34）　宋代軍裝像

圖片來源：劉永華，《中國古代軍戎服飾》，頁 128。

（圖 2-35）　宋代甲冑示意圖

圖片來源：杜文玉等編著，《圖說中國古代兵器與兵書》，頁 34。

（圖 2-36）　宋代古格王朝金屬鎧甲

圖片來源：杜文玉等編著，《圖說中國古代兵器與兵書》，頁 33。

（圖 2-37） 宋代皇帝依仗圖局部

圖片來源：杜文玉等編著，《圖說中國古代兵器與兵書》，頁 38。

（圖 2-38） 宋代軍隊作戰示意圖

圖片來源：Peers/Perry , "Imperial Chinese Armies - 590-1260AD." Osprey, 2002.

（圖 2-39）　宋代武士復原圖

圖片來源：劉永華，《中國古代軍戎服飾》，頁 115。

（圖 2-40）　蒙古、西夏、金、南宋、吐蕃等國勢力圖。

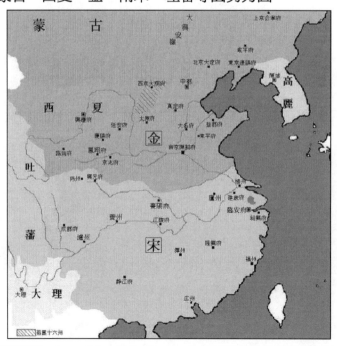

圖片來源：維基百科。http://zh.wikipedia.org/wiki/%E5%8D%97%E5%AE%8B。

第三章　沉沒後的偏安－兩宋軍工業探討

　　兩宋時期，無論是在文化藝術，或是科技水準之上，都有著十足的進步，可以說是中國的一個黃金時期。不過，宋政府爲了對付外患之威脅，因此採取了消極的防守策略，又，實行捐輸龐大的「歲幣」這種羈縻的動作，藉此換來短暫的和平，如此受到屈辱且徒勞無功方法，並沒有徹底的將外患問題解決，反而加重政府財政負擔，更讓宋代朝野上下，養成一種苟安的心態。雖然外交是失敗的，但宋代軍事行動上，屢屢出現建樹。水戰在宋代成爲十分重要的作戰手段，水軍的建置被受重視，對於維持汴梁或是臨安以南的江山，起了一種相當舉足輕重的效果。宋代戰船的建造速度快，不論是內河或是沿海的戰艦，其技術皆不斷的進步，加上火藥的配方在宋代一直得到改進，並被廣泛地運用在軍事上，製造出更多又威力強大的火兵器，配合上指南針此偉大的發明以及大量的運用火兵器，亦改變了往後的傳統水戰的面貌。

　　另外，宋代面對北方民族的入侵大多採取守勢策略，主因爲畏懼遊牧鐵騎，故對於攻防武器最爲注重，而《武經總要》中就列出不少的攻防武備，其中亦有配合火藥使用的武器如砲車，掩護用的行煙及揚塵車。以上各項發展，令宋室能夠有擁有一定的國防程度來抵禦外族之入侵。

第一節　水軍船艦

　　世界古今中外，人類多將船當作成水上交通工具，亦把船當江河上的作戰武備。中國何時開始出現戰船呢？事實上這個答案已經不可考，但是我們卻能夠由春秋戰國及西漢時期銅器紋飾的戰船圖像之中，得到具體的線索。例如：1935年河南山彪鎮一號戰國墓出土的銅鑑；1965年四川成都百花潭10號戰國墓出土

的銅壺；北京故宮庋藏之春秋晚期銅壺。這三件銅器，紋飾皆極為類似，均雕採桑、習射、宴樂、水戰、攻城、戈射等豐富圖案，反映出當時的社會文化、經濟、政治、軍事等（參見圖3-1）。中國海岸線幅員遼闊，江河縱橫，湖泊星羅棋布，海域廣大。特別是東南方面臨的太平洋，有綿延一萬八千公里的海岸線，擁有五千多座島嶼，讓中國成為世界上最大的海洋國家之一。中國人的航海活動，可以追溯到遠古時代，其中船艦是水軍主要的裝備，最早有水軍的建置是在春秋戰國時期，尤其是吳、越、楚國等地方，都備有舟師的船隊，其中《越絕書》有記述越王與孔子的對話，越王句踐曾對至聖先師孔子說過：

夫越性脆而愚，水行而山處，以舟為車，以楫為馬。[1]

此話說明吳越地區的人們對於水戰有越來越熟練的技術，直到戰國末年，中國各地船艦的運用逐漸增多，技術亦更加進步。

（圖3-1） 古代有記載船艦之文物

圖片來源：http://samhomepage.myweb.hinet.net/coins/。劉榮三，《由船幣看船史‧中國戰船》，。

---

[1]《越絕書》，卷八〈記地傳〉。

　　宋代是中國古代造船業的輝煌之黃金時期。在當時，例如：今日的中國江西、浙江、湖南、福建、湖北、江蘇、廣東、廣西、山東、四川等沿海近江地區，均建造著有大批造船場，甚至直到山西、陝西等內地亦設造船場。宋代明州（今中國浙江寧波）、泉州、廣州等地所造出來的海舶尤爲重要，更是舉世聞名。兩宋時，各造船場通常每年由政府額定造船約 300 艘左右，但亦有高達 500 艘的造船數量，甚至到六、七百艘巨額之數。宋代造船技術之先進更爲舉世矚目。「造船務」爲管轄修造戰艦的機構及場所。北宋戰艦在建造之前，必須先行繪製所謂的「海戰船式」（戰艦圖樣設計圖）。[1] 到了南宋則更進一步先繪出「大軍船小樣，並長闊高卑步數」後，[2] 才能夠開工打造；有時，亦或先製作「戰船木樣」（戰艦原始模型），[3] 然後再按照比例仿制。宋代處州知州張堂曾經爲了製造大船，事先「教以造一小舟，量其尺寸，而十倍算之」，[4] 這樣的運用各式的圖樣、模型於戰艦製造，算是對世界造船事業有著重大的貢獻，在西方則比中國晚了近三百年。[5] 中國最遲在八世紀的唐代，老早已經採用水密隔艙的船體結構，大大地增強了船身抗沉性。宋代則廣泛採用了這種古老又先進的船舶結構技術。歐洲到十七世紀才仿造中國帆船，製造出具有水密隔艙結構的海船。

　　指南針的發明亦運用在宋代已裝備艦船，海上航行時「若晦冥，則用指南浮針，以櫻南北」，[6] 所以中國海船巨大，航行安全，已可載員數百乃至千人以上。宋代開始用棉布取代竹篷爲帆，並造有十桅十牆大海船，桅杆設輪軸，可任意起伏，還採用了滑車掛帆。歐洲直到十八世紀僅只有三桅帆船。爲了修造艦船，北宋政府還在金明池（今中國河南省開封）修建了世界最早的皇家維修船塢。[7] 西方歐洲則直到西元 1495 年，才在英國僕茨茅斯修建第一座船塢。

1　脫脫等，《宋史》，卷一百九十七〈兵志〉。
2　《宋會要輯稿‧食貨五十》（北京：中華書局，1957），第六冊頁 5664、頁 5672-5673。
3　脫脫等，《宋史》，卷四百七十五〈劉豫傳〉。
4　脫脫等，《宋史》，卷三百七十九〈張鱟傳〉。
5　以英國爲例，皇家海軍部在製造新船時，皆會製作一無桅帆船身透視模型，進呈主政者審視。
6　徐兢，《宣和奉使高麗圖經》（北京：中華書局，1983），卷三十四〈半洋焦〉。
7　脫脫等，《宋史》，卷二百七十六〈張平傳〉。

宋代戰艦種類愈益增多，分工日趨細密。「多槳船」頭尾狹尖，平底，長 83 尺，闊 20 尺，置槳 42 支，載水軍 200 人，是一種內河和近海兩用快速戰艦。「海船」面闊而底尖，艦上配置「望門、箭隔、鐵撞、硬彈、石炮、火炮、火箭（火藥箭）及兵器等」，[1] 是一種大型海戰艦船。車船到宋代已發展到頂盛，當時的戰船長相，可從北宋官修之《武經總要》中的樓舡和海鶻，可以看出戰士武裝與兵器，尤其樓舡開始出現有投射武器。[2] 對於樓船，日本人也繪出其想像圖。宋朝時開始有手搖明輪以取代划槳的戰船叫「車輪舸」。南宋水軍裝備有「飛虎車戰船」、「海鰍車船」等多種類型車船。隨著帆船的發展和火器的推廣使用，隋唐宋的車船和拍竿於是逐漸被淘汰。繼而宋代出現的「鐵頭船」和「鐵壁樺嘴平面海骼戰船」，更是世界造船史上的創舉。池州（今中國安徽貴池）船場曾由秦世輔主持設計製造了「鐵壁樺嘴平面鶻戰船」2 艘，各長 10 丈和 9.2 丈，載水軍 108 人、水手 42 人和水軍 70 人、水手 20 人，兩舷裝設鐵板加強防護，艦首安裝似樺犁的犀利鐵嘴，以之衝撞敵艦（類似古代希臘的列槳船），顯系一種防護堅固，攻擊力又強，既安車又置槳，「委是快便」的新型攻擊型戰艦。[3] 這種世界最早使用金屬材料建造的戰艦，無疑在設計和製造方面均有高新的突破，亦被視之為近代木質鐵殼輪船的濫觴。

金宋戰爭的水戰中，海戰經常性發生且規模大，戰法屢創新穎。宋建炎四年（1130）正月，金艦隊攻占明州後，追擊宋帝的船隊於浙江海域。宋將提領海船張公裕率艦隊，乘風雨大作，在定海漁頭海面，以「大艦」擊潰了金國艦隊，挽救了南宋。同年正月十五日，宋將韓世忠由江陰率領水軍 8,000 名、海船百艘復歸前往鎮江部署江防，阻截金軍北撤。三月十五日，金軍 10 萬大軍，分乘輕型戰船渡江北返至鎮江，埋伏於鎮江江面焦山兩側，隱蔽待機突襲的韓世忠艦隊，迅即分數路出擊夾攻金國艦隊。《宋史》載：「宗弼還自杭州，遂取秀州。赤盞暉

---

[1] 《宋會要輯稿·兵二十九》，第八冊，第 7303 頁。
[2] 曾公亮、丁度等撰，《武經總要》。
[3] 《宋會要輯稿·食貨五十》（北京：中華書局，1957），第六冊頁 5664、頁 5672-5673。

敗宋軍于平江，遂取平江。阿里率兵先趨鎮江，宋韓世忠以舟師扼江口，宗弼舟小，契丹、漢軍沒者二百餘人，遂自鎮江泝流西上。世忠襲之，奪世忠大舟十艘，於是宗弼循南岸，世忠循北岸，且戰且行。世忠艨艟大艦數倍宗弼軍，出宗弼軍前後數里，擊柝之聲，自夜達旦。世忠以輕舟來挑戰，一日數接。將至黃天蕩，宗弼乃因老鸛河故道開三十里通秦淮，一日一夜而成，宗弼乃得至江寧。撻懶使移剌古自天長趨江寧援宗弼，烏林荅泰欲亦以兵來會，連敗宋兵。」[1] 而《建炎以來繫年要錄》提到，南宋水軍駕駛大型戰艦「乘風使蓬，往來如飛」。[2] 打得金艦隊潰不成軍，創造了以逸待勞，出敵不意，伏擊火攻，速戰速決，以少勝多的出色水戰戰例。不過金艦隊擺脫黃天蕩封鎖後，在舟中裝載著泥土，加強船身的穩定性，並在甲板上鋪設了木板，兩舷鑿洞置掉槳，提高了整體航速，增強其防護能力，明顯地改善金國水軍的作戰條件。四月二十五日，金艦隊則趁江上無風，宋水軍大艦不利行動之機會，令眾多的小船出擊，以火藥箭猛射帆蓬，大敗宋艦隊，遂得以渡江北返。金國水軍以己之長處擊敵之缺失，掌握海上作戰法則，甲以實施火攻，致使水戰藝術發揮至極至。

（圖3-2） 中國早期艦隊想像圖

圖片來源：Tumbull, Stephen/ Reynolds, Wayne (ILT) , "Fighting ships of the far east(1) 612BC- AD 1419." Osprey, 2002, p25.

---

[1] 脫脫等，《金史》，卷七十七〈宗弼傳〉。
[2] 李心傳，《建炎以來繫年要錄》，卷三十二〈建炎四年四月丙申〉，第3864冊，頁635。

（圖 3-3） 古代海戰示意圖

圖片來源：**Tumbull, Stephen/ Reynolds, Wayne (ILT) , "Fighting ships of the far east(2) AD 612- AD 1369." Osprey, 2002, p25.**

（圖 3-4） 古代樓船及剖面復原圖

圖片來源：上圖：**Tumbull, Stephen/ Reynolds, Wayne (ILT) , "Fighting ships of the far east(1) 612BC- AD 1419." Osprey, 2002, p26.**下圖：歷史群像，《戰略戰術兵器事典・中國中世・近代編》，頁 **17**。

（圖3-5） 宋代車船剖面圖

圖片來源：歷史群像，《戰略戰術兵器事典・中國中世・近代編》，頁19。

（圖3-6） 南宋車船復原圖

圖片來源：劉煒主編，《中華文明傳真・兩宋・在繁華中沉沒》，頁34。車船又
名車輪舸，該船在南宋初年有長足發展。車船以車輪代替槳，以人力
腳踏轉動而使船前進。船兩邊有護車板，從外看不到車輪。船上置拍
竿，以加強攻力。亦有槳輪並用的混合車船，如南宋紹興五年（1135），
江浙四路便打造五車十槳戰船。[1]

---

[1] 劉洪濤，《中國古代士兵生活與征戰》（中國：商務印書館，1997），頁105。

（圖 3-7）　宋金海戰示意圖

圖片來源：**Tumbull, Stephen/ Reynolds, Wayne (ILT) , "Fighting ships of the far east(1) 612BC- AD 1419." Osprey, 2002, p.30.**

（圖 3-8）　宋代古船模型

圖片來源：劉煒主編，《中華文明傳真‧兩宋‧在繁華中沉沒》，頁 54。

（圖3-9） 《武經總要》中的鬥艦復原圖

圖片來源：劉煒主編，《中華文明傳真·兩宋·在繁華中沉沒》，頁35。

（圖3-10） 《武經總要》中的樓船復原圖

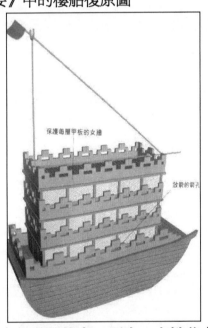

圖片來源：劉煒主編，《中華文明傳真·兩宋·在繁華中沉沒》，頁35。宋代，
　　　　　樓船主要作為軍事指揮及作戰。樓船建有三層，每層都有防護女牆及
　　　　　戰格，用以防禦弓箭矢石。而女牆上開有箭眼，用以發射弓弩。船上
　　　　　外露地方蒙有皮革，以防火攻。船上纖繩、櫓、帆和楫等多種設備。
　　　　　武器配有火炮，擂石及拍扞。拍竿是一種船上武器，在一根直立木柱
　　　　　的上端，安裝一根可以活動的橫木，橫木的一端安裝巨石，另一端繫
　　　　　著一根供人牽拉的繩索。水戰時，利用人力控制橫木兩端的落起，將
　　　　　重臂的一端移到敵船上方，以巨石下墜破壞敵船。[1]

---

[1] 劉洪濤，《中國古代士兵生活與征戰》（中國：商務印書館，1997），頁103。段清波，《刀
　　槍劍戟十八般》（四川：四川教育出版社，1998），頁202-203。

（圖 3-11）　波濤洶湧中揚帆前進的帆船

圖片來源：劉煒主編，《中華文明傳真‧兩宋‧在繁華中沉沒》，頁 55。

（圖 3-12）　宋代木製船與復原圖

圖片來源：劉煒主編，《中華文明傳真‧兩宋‧在繁華中沉沒》，頁 54-55。

（圖 3-13）　宋代《江天樓閣圖軸》中的帆船

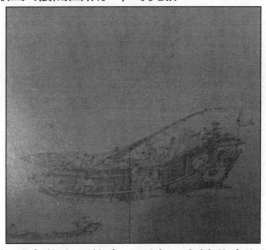

圖片來源：劉煒主編，《中華文明傳真・兩宋・在繁華中沉沒》，頁 68。

（圖 3-14）　宋代船體示意圖

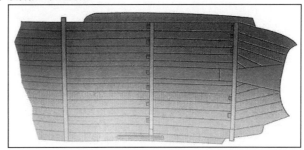

圖片來源：劉煒主編，《中華文明傳真・兩宋・在繁華中沉沒》，頁 69。

（圖 3-15）　中國古法造船廠

圖片來源：劉煒主編，《中華文明傳真・兩宋・在繁華中沉沒》，頁 68-69。

（圖 3-16）　　《清明上河圖》中的船

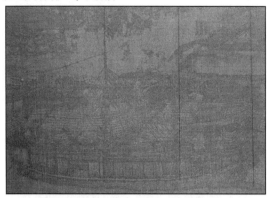

圖片來源：劉煒主編，《中華文明傳真‧兩宋‧在繁華中沉沒》，頁 **69**。

（圖 3-17）　　宋代各式指南針示意圖

圖片來源：劉煒主編，《中華文明傳真‧兩宋‧在繁華中沉沒》，頁 **71**。

圖 3-18　世界輪車的發展

　　早在我國唐代，有個名叫李皋的人，發明了一種車輪船，它的兩舷裝著會轉動的槳輪，人力踩動車輪，推動船航行。後來，南宋起義軍領袖楊麼改進了車輪船，用它抵抗宋王朝官軍。而最早建造蒸汽輪船的是法國發明家喬弗萊，他在 1769 年就建造了世界第一艘蒸汽輪船「皮羅斯卡菲」號，用蒸汽機啟動。後來，英國人薛明敦在 1802 年也建成一艘蒸汽輪船。可惜它們均未得到實際應用。直到 1807 年 9 月，美國人富爾敦設計、製造的蒸汽輪船「克萊蒙特」號試航成功，才使輪船開始真正成功為水上舞臺的主角。「克萊蒙特」號，全長 45.72 米，寬 9.14 米，排水量 100 噸，船速每小時 6.4 公里。

http://gongxue.cn/xiaoyuanwenhua/ShowArticle.asp?ArticleID=1912

第二節　攻守器械

　　《孫子兵法》中認爲，兵戎相加，攻城拔寨是最不得已而採用的辦法。但是由於國與國之間戰爭頻繁，所以攻城理論越來越得到發展。戰國初期，楚惠王爲攻打宋國，於是聘請魯國人公輸般（魯班），任楚國的大夫，並且設計攻城的工具，名叫雲梯車；宋國人墨翟（墨子）爲阻止楚軍攻宋，因此至郢都見惠王。惠王命守方墨翟和攻方公孫般，來場沙盤推演，一個用雲梯攻城，一個就用火箭燒雲梯；一個用撞車撞城門，一個就用滾木擂石砸撞車；一個用地道，一個用煙熏。公輸般用了九套攻法，皆無法擊破墨翟的守城方法，這是中國早期著名的攻守試範。但是到了隋唐五代時期，一方面沿襲魏晉南北朝時期的新技術，另一方面因爲戰爭規模的擴大，戰略不斷的革新，因此各式各樣的攻城器械於是產生。

　　雲梯，即爲士兵用來一種攀登城牆的工具，進行短兵相接的器械，尤其是冷兵器的時代，欲破壞城牆極其困難，故以雲梯直接進行攻擊，通常是攻城戰的重要手段。它是由一般的梯子發展而來的，古代戰爭中所使用的雲梯，有些便是普通加長的梯子。攻城梯在攻城時有許多使用辦法，但多是以迅速登城爲決勝前提，所以在架梯時必須果敢、迅速。雲梯是士兵用來越過城牆進行攻擊的器材，尤其在冷兵器時代，城牆的破壞極爲困難，藉由雲梯直接進行攻擊往往是攻城戰的重要手段宋代的雲梯有許多形式，如：飛梯、竹飛梯、躡頭飛梯、避檑木飛梯、杞車、行天橋、搭天車、行女墻和雲梯等。值得注意的是，雲梯的戰術並非以單梯作戰，否則極易爲敵人所消滅，必須先集結大量的雲梯於矢石的攻擊範圍外，然後由砲隊先行攻擊城牆，待減低敵人的防禦力後，最後再由雲梯部隊衝鋒，以使攻城部隊的傷亡減到最低。[1]

　　木幔，通常在使用雲梯攻城時，都會以牛皮或木質材料製造的木幔，用來抵禦來自城壘的火矢、飛石攻擊，掩護登城的士兵。在宋代時，木幔是一種機動式

---

[1] 資料整理自固若金湯計畫，http://vm.nthu.edu.tw/history/shows/show01/sung.siege/。

的屏障，因為《武經總要》並沒有詳細說明，我們只有透過其它的歷史記載來瞭解它。在《宋書‧武帝本紀》中曾記載這種木幔的功效：「張綱治攻具成，設諸奇巧，飛樓木幔之屬，莫不畢備。城上火石弓矢，無所用之。」另據《通典‧兵典‧攻城戰具》的記載：「以板為幔，立桔槔於四輪車上，懸幔逼城堞間，使趫捷者蟻附而上，矢石所不能及，謂之『木幔』」。可見木幔是用來暫時抵禦來自城堞的矢石攻擊，使攀牆攻城者減少傷亡的一種設施。[1]

轒轀車，為一種古老的攻城器械。《孫子兵法》其言曰：「脩櫓轒轀，三月乃成，拒堙三月而後已」[2] 轒轀車的容量約載十名兵士，共有四個路輪。車底是空的，因此乘員可以在裡頭推車前進，車頂和兩旁則覆以牛皮。由於轒轀車是尖頂的，故能減少落石的破壞力。與轒轀車形制類似的攻城車輛還有很多，例如有一種平頂木牛車，車頂是平的，城上落下的石塊容易破壞車棚，所以到了南北朝時期，車頂改為等邊三角形，改名為「尖頭木轤車」，衝車，前頭裝置巨大鐵質或木質錐柱，用以破壞敵城大門。

板屋（巢車）是中國古代一種設有望樓，用以登高觀察敵軍的車輛攻城戰時用來觀察敵方的一種車，其使用方法為移動式，利用轆轤，提升乘載兵士的吊籃，來偵查對方城內敵人的行動，由於吊籃很像鳥巢而得名。板屋車底裝有輪子，士兵可以堆動前進，車上豎起兩根堅實的木頭，柱子頂端設有一個轆轤軸（滑車），用繩索繫一小板屋於轆轤之上，板屋高九尺，方四尺，四面開有十個個瞭望孔，外面覆蓋著生牛皮，用以防禦敵人的弓矢與石擊。

拋車，又稱做拋石車或砲車，是一種裝設有二輪或四輪，車架上豎立木柱，木柱的頂端架設軸轤，軸的中間穿砲桿，砲桿的長臂一端繫皮巢用以填裝石塊，短臂端繫幾十至百餘條繩索以供眾兵士拉曳，攻城號令一下，眾兵猛拉繩索，在離心力的作用下使石塊拋向遠方目標物。拋車相傳起源於春秋戰國時代，到了兩漢時被普遍運用在戰場之上。漢獻帝建安五年（200），曹操和袁紹在官渡會戰，

---

[1] 資料整理自固若金湯計畫，http://vm.nthu.edu.tw/history/shows/show01/sung.siege/。
[2] 陳壽，《三國志‧魏書》，卷二十二〈陳群傳〉，引《孫子兵法》。

袁紹軍以高櫓車置山坡上，以高制下，箭矢齊發；另一方面，曹營則以砲車反擊，石破櫓樓，因而取勝，時稱「霹靂車」。[1] 而文獻中記載的「拋車」、「飛石」一詞即為砲車。可見這些投石器不僅運用於守城，也有許多時候運用於攻城或野戰的時候，宋代《武經總要》曾提到：「凡砲，軍中之利器也，攻守師行皆用之。」足見宋代對於投石器的重視。正德本《武經總要》共記載有十八種砲車，其中用於攻城的有兩種行砲車，用於守城的則有砲車、單梢砲（兩種）、雙梢砲、五梢砲、七梢砲、旋風砲、虎蹲砲、拄腹砲、獨角旋風砲、旋風車砲、臥車砲、車行砲、旋風五砲、合砲、火砲等，但其中只有八砲有詳載其諸元（參見下表）。

（表 3-1） 宋代八砲諸元表（簡錄）：

序號	名稱	杆長	力臂長	拽索數	拽手	定放手	射程（步）	石彈重（斤）
1	單梢砲 A	2 丈 5 尺 (7.83m)	5 尺 (1.57m)	40	40	1	50 (78.25m)	2
2	單梢砲 B	2 丈 6 尺 (8.14m)	5 尺 (1.57m)	50	100	1	80 (125.2m)	25
3	雙梢砲	2 丈 6 尺 (8.14m)	5 尺 5 寸 (1.72m)	45	40	1	50 (78.25m)	2
4	五梢砲	2 丈 5 尺 (7.83m)	5 尺 7 寸 (1.78m)	80	150	2	50 (78.25m)	70-80
5	七梢砲	2 丈 8 尺 (8.76m)	5 尺 7 寸 (1.78m)	125	250	2	90 (140.85m)	90

---

[1] 陳壽，《三國志‧魏書》，卷六〈袁紹傳〉。

6	旋風砲	1丈5尺 (4.70m)		40	50	1	50 (78.25m)	3
7	手砲	8尺 (2.50m)		共2人			近則用之	
8	虎蹲砲	2丈5尺 (7.83m)		40	70	1	50 (78.25m)	12

資料來源：本圖表依陸敬嚴撰《中國古代兵器》，頁187〈砲主要性能表〉增補。資料轉引自固
　　　　　若金湯計畫，http://vm.nthu.edu.tw/history/shows/show01/sung.siege/。

從五代十國時期開始，政權更迭頻繁且相互攻伐，軍事重鎮屢屢受到戰火波及，所以個國皆築起堅實的城垣，以求鞏固。而地方上，盜賊蜂起，地方防衛勢力為求自保，紛紛以宗族、鄉里和私人部曲的關係為基礎，建立起城堡或山寨。面對防禦性逐漸提高的城堡，侵略者往往為求得勝利，因此致力於設計新的攻城器械，像是：雲梯、衝車、井闌、巢車等；反之，守備方為抵禦攻勢，亦建造起各式各樣的防守設施，如：柵欄、塹壕、鹿角、拒馬槍、鐵疾狸等。攻守雙方的動作，促進了各種軍事設備的發展，而這些發展紛紛延續到宋遼夏金元時代，並且加以改良。

中國古代的城是圍繞都邑構築的防禦性措施，以閉合式的城牆為主體，其他的結構包括：女牆、羊馬城、馬面、甕城、關城、懸門、護城牆等，為永固築城的基本型態，亦是歷朝各代軍事重鎮的防守依據。距今五千至七千年的仰韶文化時期，各部落為保護本身的居住地，已經開始建設有防禦性質的壕溝工事；另外，根據考古發現，與尚未證實的夏代同時期已有夯土城牆的遺跡；春秋戰國時代是中國大規模建設城池的時代，春秋時的魯國曲阜城、東周雒陽王城、秦國的雍城等，其城牆厚度皆約十公尺左右，牆外還有壕溝環繞；戰國時的齊國臨淄城、燕國的下都城、楚國的紀南城等，夯土密實，其城牆已加厚至約二十公尺。根據《考工記‧匠人》中的記載，雖有規定城高的限制，但是從上述各古城遺址來看，當

時各國競築高城，城池規模的限制並未遵守。秦代出現長城建築，漢代的長城則有烽火臺發明。城壘的演進，隨著時間與戰爭形態的變遷，而有所不同。

中國城堡雖然可能在戰國時代已經有使用磚瓦的情形，但現據歷史記載，直到隋代才開始用磚來修建城牆，其結構爲外層用磚，內塡夯土。城牆形狀更複雜，尺寸也更加準確了。根據史籍所記：當時的城牆下闊上窄，下面二丈五，上面一丈二尺五，城牆高五丈，壕溝下闊二丈，下闊一丈，深一丈。[1] 可知隋唐以後，城堡的規模已經相當完備，而爲了阻止敵方的侵略，破壞敵方的攻城行動，防守一方配合守城的器械發展也越來越多樣化。

配合城牆使用的防守器械則有拒馬槍、鐵疾藜、陷馬坑、地聽、木柵等。拒馬槍是中國古代作戰中使用的一種能移動的障礙物。其材質爲木頭，以直徑六寸多的圓木爲竿，根據戰場上實際需求來確定長短，在圓木上鑿十字孔，製造成人字型，將槍頭穿在約一丈長的橫木上，讓槍尖向上，設於軍事要害、城門、巷道之處，主要是用於騎兵的突擊，故稱之爲拒馬槍。鐵菱又稱爲鐵疾藜，疾藜原本是一種一年生的草本植物，因爲它的果實外殼上有刺，所以古時候作戰時，經常就地取材，收集大量的疾藜，再撒放在敵軍必經道路之上，用來刺傷敵軍人馬腳底部。

陷馬坑，古代打仗時，常設這種設施於戰場之上。此種坑多深三尺，坑內密佈鐵尖或竹槍，擁有極大的殺傷力；坑上多擺放掩飾物，再用稻草、生苗於上覆蓋，用以迷惑敵人。中國古代軍事史上的地道多是屬於攻城作用，相對的地聽則是守城之用。地聽是一種監聽敵軍挖掘地道的偵察工具，其形制爲：「地聽於城中八方，穿井各深二丈，令人頭覆戴新瓮於井中坐聽，則城外五百步之內有掘城道者，並聞於瓮中，辯方所遠近。」[2] 這種探測方法有一定的科學原理，因爲敵軍開鑿地道的聲響在地底中傳播迅速，聲波弱小，容易與缸體本身產生共振，所以可以據此方法來探究挖掘地道的敵軍方位與距離。

---

[1] 資料轉引自陸敬嚴，《圖說中國古代戰爭戰具》（上海：上海同濟大學研究社，2001，頁71-72。
[2] 李筌，《太白陰經》，卷四〈戰具〉。

（圖 **3-19**）　雲梯車與木幔

圖片來源：左：歷史群像，《戰略戰術兵器事典·中國古代編》（東京：學研研究
社，**1995**），頁 **12**。右：臨淄古車博物館藏。

（圖 **3-20**）　轒轀車

圖片來源：左：歷史群像，《戰略戰術兵器事典·中國古代編》（東京：學研研究
社，**1995**），頁 **13**。右：臨淄古車博物館藏。

（圖 **3-21**）　南宋與蒙古大戰

圖片來源：**Tumbull，"Siege Weapons of the Far East(1) AD612-1300."** 插圖。

（圖3-22） 板屋（巢車）

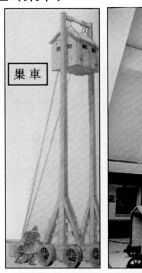

圖片來源：左：歷史群像，《戰略戰術兵器事典・中國古代編》（東京：學研研究
社，1995），頁14。右：臨淄古車博物館藏。

（圖3-22） 衝車與《武經總要》撞車

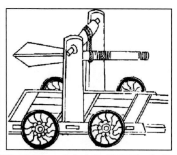

圖片來源：左：歷史群像，《戰略戰術兵器事典・中國古代編》（東京：學研研究
社，1995），頁13。右：臨淄古車博物館藏。

（圖3-24） 拋石車復原圖

圖片來源：左：中國大百科全書，http://ci58.lib.ntu.edu.tw/cpedia/，2007.08.21。
右：臨淄古車博物館藏。

（圖 3-25）　塞門刀車

圖片來源：左：曾公亮、丁度等撰，《武經總要》。右：臨淄古車博物館藏。

（圖 3-26）　中國攻、守城器械復原圖

地道

井闌

拋車

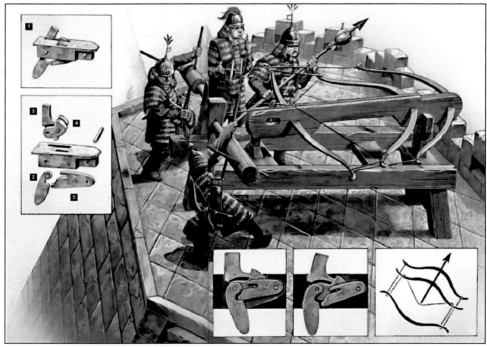

車弩

圖片來源：**Tumbull, Stephen/ Reynolds, Wayne (ILT)，"Siege Weapons of the Far East(1) AD612-1300." Osprey, 2001.** 插圖。

（圖 3-27）　　宋代砲車、塞門刀車、塡壕車復原圖

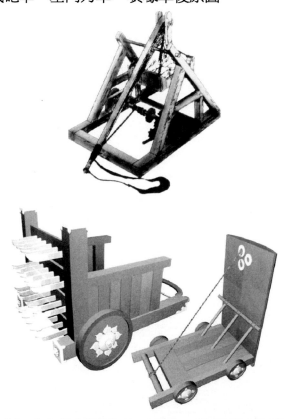

圖片來源：劉煒主編，《中華文明傳真・兩宋・在繁華中沉沒》，頁 28、頁 33。
　　　　　砲車：宋朝火砲是應用槓桿原理推動的拋石機，爆炸性火器發明之
　　　　　後，宋軍便利用它把爆炸性火器擲向敵軍。塞門刀車：這是一種木製
　　　　　的兩輪車，與城門同寬，當城門被破壞時，敵人衝入的時候，就用這
　　　　　種車堵塞城門缺口，利用車前鋒利的刀擊退敵人。

（圖 3-28）　　宋代典型的城牆防禦想像圖

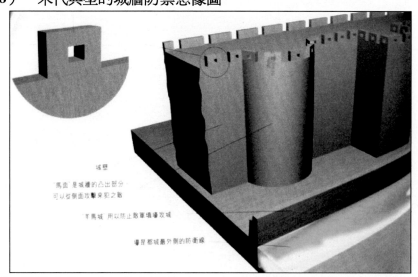

圖片來源：劉煒主編，《中華文明傳真・兩宋・在繁華中沉沒》，頁 32。

（圖 3-29） 宋軍使用拋石車的情形

圖片來源：**Peers/Perry , "Imperial Chinese Armies - 590-1260AD." Osprey, 2002.**

（圖 3-30） 宋代靜江府城平面圖與殘存城壕圖

圖片來源：歷史群像，《戰略戰術兵器事典・中國中世・近代編》，頁 **30-31**。

（圖 3-31） 《武經總要》中的各式城池

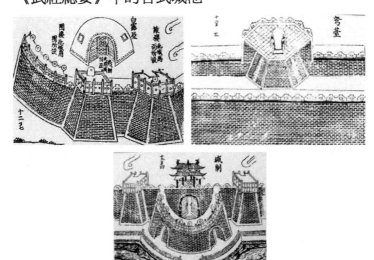

圖片來源：曾公亮、丁度等撰，《武經總要》。

第三節　火兵器發展

　　中國古代火藥的發明過程，是將硝石、硫磺、木炭（或是含碳物質）等予以搗碎，碾碎成粉末，經過一定程序的拌和與配製，混合而成火藥。火藥中的硝石（化學名稱為：$KNO3$）遇到燃燒後能釋放大量的氧氣，因而引發氧化劑作用，這是讓火藥能夠遠射的因素；硫磺在火藥燃燒中扮演著一種還原劑的作用，是火藥得以爆炸的因素；木炭（或是含碳物質）則是具有幫助火藥燃燒的作用。若是把三種物質放在密閉的容器中燃燒，便會形成一個由硝石供氧的內燃燒體系，產生大量的二氧化碳和氮氣，使體積急劇膨脹，脹破容器，並產生高溫煙焰，形成一連串強烈的爆炸燃燒效應。隋唐以前有些煉丹家在煉丹時，已經曾將這三種物質放在一起燒煉，結果因而引發爆炸傷害。北宋初期的兵器製造家便利用這種燃爆效應，製成最初的火器。

　　一般認為火藥發明時間是在中唐時期，鄭思遠《真元妙道要略》一書曾記載：「有以硫磺、雄黃、合硝石並蜜燒之，燄起，燒手面及燼屋舍者。」[1] 此外亦有文學作品中，記載在唐以前已經出現木炮這類武器，但是此類著作皆完成於唐朝以後，真實性上有所疑慮，故不被承認為「火藥」發明的時間。另有研究指出火藥始見於秦朝（221 Bc -206 Bc），但因文獻不足以證明，並且沒有完整的正式紀錄製作方法。西漢時，劉安的《淮南子》就有部份記載硫磺所擁有的療效；漢朝《神農本草經》記載，石硫黃，能夠化金銀銅鐵，以上的記載代表著中國古人是很早就知道，硫磺與金屬配合所能產生的化學作用。按宋朝人路振所著《九國志·鄭璠傳》的記載，在唐昭宗天佑元年（904），楊行密圍攻豫章城（今中國江西南昌）時，部將鄭璠命所部「發機飛火，燒龍沙門，率壯士突火，先登入城，焦灼被體。」[2] 此「機」當指拋石機，「飛火」則是飛行距離較遠的炮火。時間稍晚

---

[1] 鄭思遠，《真元妙道要略》，第十九冊〈道藏〉。
[2] 路振，《九國志》，卷二〈鄭璠傳〉。

的許洞在《虎鈐經》中解釋爲：「飛火者，謂火炮、火箭之類也。」[1] 這是中國目前已知使用火藥武器的最早記錄。飛火是用弓或抛車發射的火箭，在箭杆上綁一火藥團或沾上油料，點燃引線，利用弓或抛車發射，來燒傷敵人。到了五代十國時，吳越國王曾在開寶九年（976）進呈「射火箭軍士」，[2] 其所射之火箭應已爲配有火藥的火箭。

（圖 3-32）　火箭復原圖

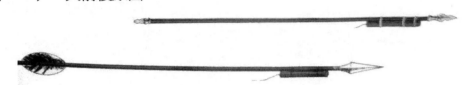

圖片來源：劉煒主編，《中華文明傳真‧兩宋‧在繁華中沉沒》，頁 28。火箭是將火藥團綁在箭桿上，點燃引線後發射出去。利用弓箭發射的叫「弓火箭」，利用弩機發射的叫「弩火箭」。

北宋時期，火藥開始用於兵器。北宋於公元 1023 年在開封設置火藥作坊製造火藥，並於北宋慶曆四年（1044）在刊行的兵書《武經總要》列出三種配方，有：「火球火藥方」、「蒺藜火球火藥方」及「毒藥煙球火藥方」。而三個配方都以硝石、硫黃、木炭（或含碳物料）作基本原料，再摻雜一些易燃和致毒物料，配製成不同性能和用途的火藥。其中爆炸性火藥稱「**火球火藥方**」，硝石、硫磺二者的比例爲：47.6%、16.7%，另加乾漆、黃蠟、清油、桐油、松蠟、濃油等易燃藥物，占 35.7%，裡頭不含木炭，此類火藥方因工藝水準的問題，爆炸性能及威力尚且不強，主要仍用於火攻，點燃後火勢特別猛烈，用於攻城陷陣之用；燃燒性火藥稱「**蒺藜火球火藥方**」，硝石、硫磺、木炭的比例爲：50.3%、25.15%、6.28%，另加瀝青、乾漆、桐油、蠟等易燃藥物，占 18.27%，戰時布置於敵方騎兵必經之地，用以燒傷敵方馬匹，阻止敵人的騎兵突擊；毒性火藥稱「**毒藥煙球**

---

[1] 許洞，《虎鈐經》，收錄於第七百二十七冊《四庫全書》。
[2] 脫脫，《宋史》，卷三〈太祖本紀〉。

火藥方」，硝石、硫磺、木炭三者的比例爲：38.7%、19.35 %、6.45%，另加進草烏頭、狼毒、芭豆、瀝青、砒霜等毒性和造煙的藥物，占 18.27%，戰爭中其效用爲，投向敵陣來施放煙幕，並使敵軍因此而中毒，進而失去戰鬥能力。[1] 以上爲北宋的延燒性、縱火性兵器。等到南宋時，火藥的硝石、木炭含量進一步地增加後，發展出爆炸性的火藥，同時又加入了鐵片、鐵質火藥罐及引信，致使火藥的爆炸殺傷威力大大地提升。

（表3-2）　北宋火藥配方表：

北宋三種火藥配方				
種類	火藥成分			
	硝石	硫磺	木炭	其他易燃物
毒藥煙球	38.7%	19.35%	6.45%	35.5%
蒺藜火球	50.3%	25.15%	6.28%	18.27%
火炮	47.6%	16.7%	/	35.7%

資料來源：劉煒主編，《中華文明傳真・兩宋・在繁華中沉沒》，頁 **70**。

（圖 3-33）　放猛火油櫃及罐復原圖

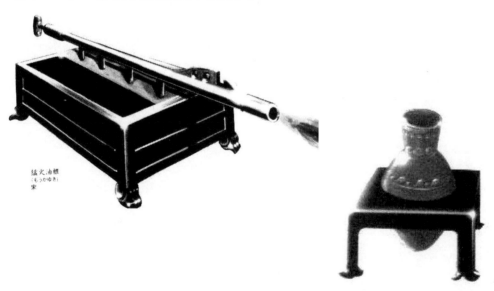

猛火油櫃
（もうかゆき）
宋

圖片來源：歷史群像，《戰略戰術兵器事典・中國中世・近代編》，頁 **12**。

---

[1] 資料轉引自劉煒主編，《中華文明傳真・兩宋・在繁華中沉沒》，頁 70。

北宋火器據《宋史・兵志》曾記載開寶三年（970）：「神衞水軍隊長唐福獻所製火箭、火毬、火蒺藜」、五年（972）「知寧化軍劉永錫製手砲以獻，詔沿邊造之以充用」，[1] 此後兵器研製者與統兵將領馮繼升、石普等人，又先後向朝廷進獻了他們所創製的火藥箭等多種燃性火器。而《武經總要》記載火箭、火藥鞭箭等二種火藥箭，以及蒺藜火球、引火球、毒藥煙球等八種火毬的製造與使用方法。[2] 但這些火器大多需要借助弓弩和重型拋石機使用。宋室南遷後，火器在改善火藥性能及研製火器上有所突破，使它們擺脫對弓弩和拋石機的依賴及擴大殺傷力。如南宋後期創製的突火槍，屬管形射擊火器。而爆炸性火器則有鐵火砲。火器的發展改變以往單以冷兵器的作戰方式，創造與火器相結合的新戰術。

　　火箭，在箭的前端綁上火藥筒，點燃後發射出去。以弓發射的是「弓火箭」，

---

[1] 脫脫等，《宋史》，卷一百九十七〈兵志〉。

[2] 關於火器的記載，於曾公亮、丁度等撰，《武經總要》，卷十二〈守城〉，載：**鞭箭**，用新青竹，長一丈，徑寸半，爲竿，下施鐵索，梢系絲繩六尺。別削勁竹，爲鞭箭，長六尺，有鏃。度正中，施一竹臬（亦謂鞭子）。放時，以繩鉤臬，系箭於竿，一人搖竿爲勢，一人持箭末激而發之。利在射高，中人如短兵。**放火藥箭**，則如樺皮羽，以火藥五兩貫鏃後，燔而發之。**鐵火床**，制用熟鐵，長五六尺，闊四尺。下施四木輪，以鐵葉裹之。首貫二鐵索，上縛草火牛二十四束。自城縋下，燒灼攻城者，並可夜照城外。**遊火箱**，以熟鐵如籃形，盛薪火，加艾蠟，以鐵索縋下，燒灼穴中攻城人。**行爐**，熔鐵汁，舁行於城上，以潑敵人。**引火球**，以紙爲球，內實磚石屑，可重三五斤。熬黃蠟、瀝青、炭末爲泥，周塗其物，貫以麻繩。凡將放火球，只先放此球，以準遠近。**蒺藜火球**，以三枝六首鐵刃，以火藥團之，中貫麻繩，長一丈二尺。外以紙並雜藥傅之，又施鐵蒺藜八枚，各有逆須。放時，燒鐵錐烙透，令焰出（火藥法：用硫黃一斤四兩，焰硝二斤半，粗炭末五兩，瀝青二兩半，幹漆二兩半，搗爲末；竹茹一兩一分，麻茹一兩一分，剪碎，用桐油、小油各二兩半，蠟二兩半，熔汁和之。外傅用紙十二兩半，麻一十兩，黃丹一兩一分，炭末半斤，以瀝青二兩半，黃蠟二兩半，熔汁和合，周塗之）。**鐵嘴火鷂**，木身鐵嘴，束桿草爲尾，入火藥於尾內。**竹火鷂**，編竹爲疏眼籠，腹大口狹，形微修長。外糊紙數重，刷令黃色。入火藥一斤，在內加小卵石，使其勢重。束桿草三五斤爲尾。二物與球同，若賊來攻城，皆以炮放之，燔賊積聚及驚隊兵。**放猛火油**，以熟銅爲櫃，下施四足，上列四捲筒，捲筒上橫施一巨筒，皆與櫃中相通。橫筒首尾大，細尾開小竅，大如黍粒，首爲圓口，徑寸半。櫃傍開一竅，捲筒爲口，口有蓋，爲註油處。橫筒內有拶絲杖，杖首纏散麻，厚寸半，前後貫二銅束約定。尾有橫拐，拐前貫圓**爐橯**。入則用閑筒口，放時以杓自沙羅中挹油註櫃竅中，及三斤許，筒首施火樓註火藥於中，使然（發火用烙錐）；入拶絲，放於橫筒，令人自後抽杖，以力蹙之，油自火樓中出，皆成烈焰。其挹註有碗，有杓；貯油有沙羅；發火有錐；貯火有罐。有鉤錐、通錐，以開通筒之罋；有鈐以夾火；有烙鐵以補漏（通櫃筒有罅漏，以蠟油青補之。凡十二物，除錐鈐烙鐵汁，悉以銅爲之）。一法：爲一大捲筒，中央貫銅胡盧，下施雙足，內有小筒相通（亦皆以筒爲之），亦施拶絲杖，其放法準上。凡敵來攻城，在大壕內及傅城上頗眾，勢不能過，則先用稿爲火牛縋城下，於踏空版內放猛火油，中人皆糜爛，水不能滅。若水戰，則可燒浮橋、戰艦，於上流放之。（先於上流簁糠秕熟草，以引其火）。**霹靂火球**，用幹竹兩三節，徑一寸半，無罅裂者，存節勿透，用薄瓷如鐵錢三十片，和火藥三四斤，裹竹爲球，兩頭留竹寸許，球外加傅藥（火藥外傅藥，註具火球說）。若賊穿地道攻城，我則穴地迎之，用火錐烙球，開聲如霹靂，然以竹扇簸其煙焰，以薰灼敵人（放球者合甘草）。一說用幹艾一石燒煙，亦可代球。

71

以弩發射的是「弩火箭」。

梨花槍，在槍頭位置裝上火藥筒，利用火藥筒噴射出來的火焰灼傷敵人，可以說是突火槍的雛型。[1]

火炮，南宋時期，陳規於《守城錄》表示攻守利器，皆莫如炮。火炮是應用槓桿原理推動的拋石機，將爆炸性火藥放在發射器上，投向敵人。有單梢砲及臥車砲等。[2] 宋代多用於守城之用，而火砲所能發射的火毬以十二斤重為限。

蒺藜火球，其形制與外型像海膽，為燃燒性武器。外有鐵刀及鐵蒺藜，再以長一丈二尺的麻繩穿過藥團。點燃後由士兵握繩拋出，炸傷敵人，亦可用砲或床子弩等發射之。毒藥煙球，類似蒺藜，在火藥之中加入芭豆，砒霜等毒質，入於球內。爆炸後能放出毒氣，使人中毒致死。

突火槍，發明於宋理宗開慶元年（1259）壽春府，是現代槍的雛型。突火槍以巨竹為槍管，內裝滿火藥和鐵珠，點燃後鐵珠便以高速射出，最遠可達 230 公尺。[3] 鐵火炮，為金人發明，後南宋改造為以鐵為殼，內填火藥。爆炸後，鐵殼碎片四散，殺害敵軍。有合碗式，鐵罐式及葫蘆式等。[4] 如現今的手榴彈般。（參見上頁註 2《武經總要》中之記載。）

（圖 3-34）　古代火器運用之圖畫

圖片來源：Tumbull，"Siege Weapons of the Far East(2) AD960-1644."

---

1 劉方，《古代兵器》，頁 111。
2 王兆春，《中國古代兵器》，頁 58。
3 劉方，《古代兵器》，頁 110。
4 王兆春，《中國古代兵器》，頁 58。

（圖3-35）　《武經總要》中的各式火器形制

圖片來源：曾公亮、丁度等撰，《武經總要》。

（圖 3-36）　宋代毒藥煙球

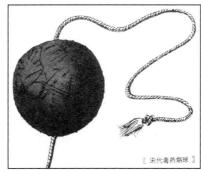

圖片來源：杜文玉等編著，《圖說中國古代兵器與兵書》，頁 199。

（圖 3-37）　宋代各式砲車

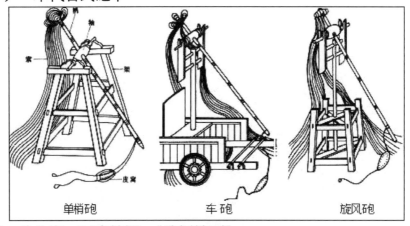

圖片來源：曾公亮、丁度等撰，《武經總要》。

（圖 3-38）　宋代各式攻守城池器械模型

圖片來源：杜文玉等編著，《圖說中國古代兵器與兵書》，頁 106。

第四節　兵工業之探討

　　宋代兵器生產的兵工業的設置，隨時間的前進而有所變革。據《宋史》記載，宋代兵器生產工署「有南北作坊，有弓弩院，諸州皆有作院。」[1] 這是北宋初年兵工企業的分佈格局。這種格局形成於宋太祖開寶九年（976），「時京師有作坊，諸州有作院，……尋又分作坊爲南北，別置弓弩院。」[2] 但隨著熙寧年間「內置軍器監，外創都作院」，[3] 宋代的兵工企業逐漸形成一個新格局。熙寧六年（1073）年共置都作院四十一所，其中十七處爲供應守都軍器，另外二十四處則爲應付各路及緩急的泛拋軍器。[4] 但是，都作院並非始置於熙寧年間，在此之前即已存在，熙寧年間只是把都作院的設置推而廣之。像是慶歷二年（1042），詔「鹿延、環慶、徑原、秦鳳路各置都作院。」[5] 另外，都作院普遍設立以後，並未因王霹建議「莫若更其法度，斂數州之所作而聚以爲一處」[6] 而取消原有作院的存在。如元豐六年（1083）九月，京東都轉運使吳居厚奏：「本路徐邪青三州都作院及諸州小作院每歲製造諸般軍器及上供簡鐵之類，數目浩瀚。」[7] 可見都作院和其他的小作院同時並存。

　　歷史學者們曾經爲宋代爲什麼沒有出現「工業革命」而產生了辯論。在北宋，中國人已懂得用燒煤煉鋼，大型企業雇傭數百全職的產業工人，而宋朝政府的兩處軍工業更聘用到八千名工人，如此規模已經類似今日的重工業。西元 1078 年爲例，華北的鋼鐵業年產量高達一百二十五萬噸的水準，而英國於 1788 年亦即工業革命之始，才不過年產七萬六千噸。[8] 此外，兩宋時期的礦冶、造紙業、製

---

[1] 脫脫等，《宋史》，卷一百九十七〈兵志〉。
[2] 《續資治通鑑長編》，卷十七。
[3] 《淨德集》，卷四〈奏乞罷軍器冗作狀〉。
[4] 《淳熙三山志》，卷十八〈兵防〉。
[5] 脫脫等，《宋史》，卷一百九十七〈兵志〉。
[6] 《續資治通鑑長編》，卷二百四十五〈熙寧六年六月條〉。
[7] 《續資治通鑑長編》，卷三百三十九。
[8] 資料轉引自〈宋朝：世界「近代化」的序幕〉。

瓷業、絲織、航海業也有著高度發展。宋代可以說是中國現代的「高科技」之起源家：造紙、印刷、火藥、羅盤雖然多發明於前代，但至宋代成爲大規模製造業。一位澳洲學者指出：「宋代有當代世界最驚人的戰爭機器，一百二十五萬人的常備軍，以及世界上最早的官營的大規模生產的軍工業，宋人利用大運河輸送的後勤系統無比優越，其國防費用史無前例，其龐大程度會使漢唐大帝國破產，但北宋對遼與西夏在軍事上始終吃癟，於 1127 年亡於女真人的金朝，至 1279 年南宋被蒙古人消滅，真是令人費解。」關於這點，亦是探討兩宋軍工業的主因。

　　宋朝京師兵器作坊依其所服務的對象及隸屬關系，可將其分爲內廷和外廷兩個系統。內廷系統作坊「所蒞不頒於外廷」，[1] 所造兵器主要供內廷使用，或用于賞賜臣僚。北宋時的斬馬刀局、鞍子所、御前生活所和南宋隸於御前應奉所「製造軍器處」[2] 等都屬內廷兵器作坊。由於內廷作坊服務對象的特殊性，決定了作坊中工匠必須是技藝精湛的高手，這些高手工匠主要從外廷系統諸作坊抽調。但大批高手工匠被抽調入內廷作坊，給外廷作坊的兵器制造帶來了很不利影響。神宗熙寧八年（1075），軍器監就埋怨說：「在京上等人匠，并差在御前生活所，以此有妨製造。」[3] 也正因爲這樣，內廷作坊所造兵器一般較外廷作坊精良，往往被當作法定兵器式樣頒降各作坊。外廷作坊主要承擔在京都及諸路駐軍相當部分兵器的製造之任務，包括了：東西作坊、東西廣備、萬全作坊、弓弩院和弓弩造箭院等。東西作坊「掌造兵器、戎具、旗幟、油衣、藤漆、什器之物，以給邦國之用。」[4] 東西廣備在隸轄於軍器監之後，便成了專門的火藥和火器作坊。弓弩院「掌造弓弩、甲冑、器械、旗、劍、御鐙之名物。」而弓弩造箭院則專「掌造長箭、弩箭。」[5] 萬全作坊在南宋時併入「制造御前軍器所」中，成爲軍器所轄下作坊之一。

---

[1] 《續資治通鑑長編》，卷二百六十四〈熙寧八年五月丁丑條〉。
[2] 《咸淳臨安志》，卷九。
[3] 《續資治通鑑長編》，卷二百六十四〈熙寧八年五月丁丑條〉。
[4] 《宋會要》，〈方域三〉。
[5] 《宋會要》，〈職官十六〉。

州郡兵器作坊一般稱「作院」或「都作院」。作院和都作院除有規模大小之別外，基本上沒什麼質的區別，只是都作院的出現要比作院稍晚些。州郡置作院造兵器非始於宋，五代後周時就已存在。州郡作院同京師兵器作坊一樣仍實行分工協作進行生產，如明州都作院，其內部分有大爐作、小爐作、穿聯作、磨鋥作、摩擦結裏作、頭魁作、熟皮作、頭魁衣子作、弓弩作、箭作、漆作、大弩樁作、木槍作等十三作。當然。並非宋代所有作院或都作院分工都是如此之明細，明州都作院不過是其典型而已。

爲了保障作坊軍器制造的質量，加強兵器生產管理，宋朝政府又專門制定了一系列的制度和措施，主要有：（１）設置掌管兵器政令的機關，監督和管理內外兵器生產。北宋前期，「戎器之職領於三司胄案」。[1]（２）注意選擇監長人吏，要求須是勤於職守、諳知兵器造作的行家，即所謂「勤幹之官，諳知製作兵甲利鈍巧拙者」，透過這些人才來「監轄工匠精心製造。」[2] 像是南宋軍器所監造官就是從殿前馬步軍司、諸軍將佐或使臣內「踏逐選差素曾諳曉軍器造作法度，有心力、能部轄人」[3] 者爲之。（３）注意選擇熟練工匠和提高工匠技能。在選擇工匠時，盡量要求從老工匠子弟中挑選，因爲這些人世代相傳，技藝精湛。真宗大中祥符六年（1013）四月，詔「八作司父兄子弟會作藝者聽相承，於本司射糧充工匠，仍許取便同居。」[4] 高宗紹興三十年（1160）八月，針對當時東西作坊、萬全作坊工匠大批逃亡，工匠不足，「造作不辦」的情況，朝廷下令於兩作坊兵匠子弟中招收年歲十五以上，三十歲以下之「不及禁軍等樣，諳會造作之人補填名缺。」[5] 孝宗乾道元年（1165）亦有「招刺能造作工匠子弟」[6] 的詔令。但是，兵器作坊中的作匠並非也不可能全部來自老工匠子弟，事實上有很大一部分是從各地百姓中招募而來，原本就不懂什麼兵器造作技術，即使是老工匠子弟亦非個

---

[1] 脫脫等，《宋史》，卷一百六十五〈職官志〉。
[2] 《歷代名臣奏議》，卷八十一。
[3] 《宋會要》，〈職官十六〉。
[4] 《宋會要》，〈職官三十〉。
[5] 《宋會要》，〈職官十六〉。
[6] 同上註。

個技術都根熟練。而兵器造作質量的精良與否，與工匠隊伍整體素質的高低有很大關系。所以，宋廷在注意招收熟練工匠的同時，也比較重視培訓在役工匠的技能，選擇那些技藝超群、諳會造作的工匠爲匠師以教授工徒。(4)宋朝府又制定嚴格的產品質量檢測制度，規定凡作坊工匠每制成一件兵器，須在該兵器上鐫記自己和相關作頭的姓名，其法是「刀劍鐵甲鐫鑿,弓弩箭之類用朱漆寫記」，[1] 這樣做是便於將來檢測時有据可憑，並視精粗利鈍以爲之賞罰。其次，實行「旬進呈法」，要求作坊（主要是指在京作坊）「每造兵器，十日一進，謂之旬課，上親閱之。」[2] 高宗紹興時，還要求作坊所造兵器在進呈皇帝閱視前，須「先閱於本監官，然後赴（工）部，旬終進呈。」[3]

　　宋代時期的兵器（專指冷兵器）生產的質量如何？學術界有不同的看法，多數學者認爲宋代兵器生產的質與量是比較高的。有學者以北宋爲例說：「北宋時生產的弓、弩、箭等以千萬件計，且形制規範，製作精良。」[4] 另外有云宋代：「冷兵器得到前所未有的發展」，即便存在質量問題，也不過是「間有劣質產品出現」而已。[5] 但是，如此的看法已經是不符合宋代冷兵器發展的實際狀況。因爲中國傳統冷兵器發展到宋代，已經歷經數千年的歷史，所積累的製作技術和經驗已接近冷兵器發展的最高水準，至多在原有的基礎上作些改良。雖然在宋代文官體系官僚政治下，兵器作坊內部存在著種種問題和矛盾，僅使得冷兵器的改良有限，而宋代鑑於當時外敵環伺，且地理上缺乏天險可守，故致力於武備發展，《武經總要》除提供宋代軍事科技情況，同時亦可看出宋代製造武器已建立一套標準準則，生產可供百萬人部隊所使用的裝備。橫掃歐亞的蒙古帝國，雖說所向無敵，但征服歷史上堪稱軍事史上最爲積弱的南宋，竟用了四十五年時間。單就襄陽戰役，宋軍即防守了近六年，可見在軍事武備發展上，宋代並非只處於劣勢。

---

[1] 《宋會要》，〈職官十六〉。

[2] 《曾鞏集》，卷四十九〈兵器〉。

[3] 脫脫等，《宋史》，卷一百六十五〈職官志〉。

[4] 《中國古代軍制史》（北京：軍事科學出版社，1992）。

[5] 曹松林，〈宋代軍器生產質量試析〉，《湖北師院學報》，第二期（1990），頁2。

第四章　鑌鐵與萬秘－遼代與西夏武備之研究

　　唐朝末年，由於統治北方蒙古草原的突厥和回鶻民族相繼地衰弱，於是契丹抓住這機會，逐漸掘起與壯大，甚至準備逐鹿中原。與唐朝滅亡的同一年，契丹人民推舉了其領袖可汗，對內統一各部落，對外則展開擴張領土，並在西元 916 年建立帝國，以漢文化做爲其借鑑，施行君主專權制，頒布律法及創造文字，致使國力日益強盛。經過短暫的繁榮期後，遼國迅速掉進了衰退期，內部政治混亂，面對外部，則受到了新興民族的挑戰，與西北的轄轕部落激戰的結果，造成無力抵抗女真金國。1125 年，宋朝聯金滅遼策略，使金兵俘虜遼帝，讓稱霸北方二百一十年的遼國滅亡。

　　遼國在北方的建立，並未使草原鐵騎的競爭結束，而是有更多的強悍民族出現，其中西北驍勇善戰的党項人建立起西夏國，並接受宋朝冊封，用以牽制遼國。等到 982 年，党項領袖李繼遷公然反宋，開始其獨立的割據政權。1005 年，党項民族採取「倚遼和宋」的政策，換取了宋朝大量的歲賜，因此得以在河西走廊稱雄。1038 年，元昊稱帝建西夏國，從此，北宋、遼、西夏形成三足鼎立的國際局面。1227 年，西夏國傳至十代君主，被蒙古鐵騎消滅。

圖 4-1　遼國疆域圖

契丹族首領耶律阿保機在 916 年建立契丹國，947 年定國號爲「遼」，983 年曾複更名「契丹」，1066 年恢復國號「遼」，直到 1125 年遼爲金所滅。1122 年金國攻打，天祚帝出逃夾山。耶律淳被立爲皇帝，史稱北遼。遼亡後，耶律大石西遷到中亞楚河流域，建立西遼。1211 年，被屈出律篡位。1218 年，被大蒙古國所滅。

維基百科

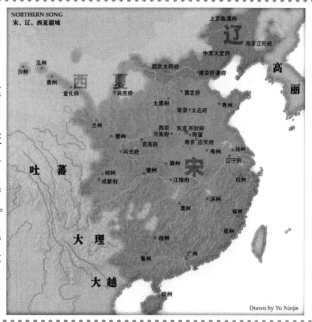

圖4-2　西夏國疆域圖

西夏（萬秘國或大白高國）是党項族在1038年至1227年間在中國西部建立的國家，後為蒙古所滅。西夏是黨党項族建立的王朝。其統治範圍在今寧夏，甘肅西北部、青海東北部、內蒙古以及陝西北部的部分地區，其疆域方圓數千里，東盡黃河，西至玉門，南接蕭關（今中國寧夏同心南），北控大漠，幅員遼闊。維基百科

第一節　契丹遼的武備

　　曾經雄據北方的契丹民族遼國，原本是生活在中國北方草原和山林地區的遊牧民族。他們可以從短時間內，由落後的生活形態和較低的生產力水準之中崛起，先後與中原王朝對峙長達數百年，其原因固然很多，但在當時的歷史背景下，軍事力量的強大，具有著特殊的重要意義。這一點不但在遼國史料之中有較多的記載，而且從考古出土的眾多兵器亦能得到有力的印證。契丹原是遊牧於遼水流域以北後轉徙到西拉木倫河流域的一個部族，但卻和中原王朝較早地建立了關係。早在7世紀中葉，契丹就正式歸屬中原王朝的行政設置所轄。可想而知，其民間與中原人民的交往會更加久遠。在此之後，契丹雖時附時叛，但與中原的文化、經濟、軍事等方面的交往卻越來越密切。中原唐王朝的建立是契丹發展壯大的有力契機。唐初，高祖李淵和太宗李世民都採取利用契丹，用以箝制突厥的政策，同時建立起暫時的羈縻都督府。

　　到了9世紀末至10世紀初，中原唐王朝的內部戰亂和衰落，再次為契丹的迅速發展創造了良好的外部條件由於生產力的不斷提高，經濟的不斷發展契丹內部新興貴族進一步強大起來，契丹需要擺脫部落聯盟的糾葛，建立國家來保護和

發展新的生產關系、生產力。遼太祖耶律阿保機緊緊抓住這一有力契機，順應歷史潮流，登上首領的寶座後不久稱帝建遼。遼政府的統治者皆以此作為開端，一方面不斷加強內部軍事建制的改革、軍事力量的統一，另一方面不斷加強與中原各方面的交往。在部落聯盟階段，契丹是「有征伐，則酋帥相與議之，興兵動眾合符契。」[1] 遼建國後，取消了這種軍事民主制度，征戰等由皇帝發布命令。同時，逐漸建立國家性質的軍隊，逐步削減宗室貴族的兵權，把軍隊直接掌握在皇帝手中，實行軍事統一指揮。遼統治者還不斷學習中原的軍隊建設和軍事戰術，努力改變單一的騎兵「分掠四旁」的戰術；學習中原的築城防禦法，把築城用於邊防軍事。遼國軍事主政單位，致力於減輕軍需的壓力，在各種改革之中，使得軍隊的武器裝備得以完善，同時又有力地加強了皇帝對軍隊的統一指揮，有效地提高了遼軍的作戰能力。

中國北方礦產豐富，所以當地王朝統治者為了籌措開採礦區，可以判明的數以百計的遼代城址、遺址、墓葬中出土的文物多含兵器和馬具，其中有些遺跡出土文物更是集中。例如：中國赤峰大營子遼墓、朝陽前窗戶村遼墓、法庫前山遼肖袍魯墓、朝陽姑營子遼墓、康平後劉東屯二號遼墓、霍林郭勒遼墓、順義安辛莊遼墓、淩源溫家屯遼墓等。[2] 出土的兵器種類有：鐵劍、鐵矛、鐵叉、鐵匕首、鐵短槍頭、鐵弓、鐵弩機、鐵鏃、銅鏃、鳴鏑、鐵甲片、鐵盔、銅骨朵、鐵骨朵、石骨朵、瓷骨朵、樺皮箭囊等。且主要兵器有多種形制。

鐵劍。雖數量不太多，但是遼軍的主要兵器之一。大體有 3 種形制。Ⅰ型：「T」字形無格劍，器形較短小。像霍林郭勒遼墓出土 1 件，直刃近尖斜收成，三角形鋒，橫剖面呈棱形，鐔和柄均為圓柱形，直徑 118、鐔長 516、柄長 11、劍身寬 3、厚 112、通長 53 公分（參見圖 4-3）。Ⅱ型：無鐔無格尖葉形。劍身短而稍寬，扁窄柄。例如：朝陽姑營子，劍身中部起脊，橫剖面呈菱形，後部較寬，中部內凹，通長 27、柄長 9、寬 0.7-1.4、身寬 219 公分（參見圖 4-3）。Ⅲ型：

---

[1] 魏徵，《隋書》，卷八十四〈契丹傳〉。

[2] 劉景文、王秀蘭，〈遼金兵器研究〉，《北方文物》，第一期（2004），頁50。

此型較多，劍身細長，扁窄柄。可分二式：Ⅲ-Ⅰ式，劍身稍寬，橫剖面呈棱形。如敖漢旗沙子溝，花瓣狀銀格，靠近格的劍身下端及柄上端均包飾火焰紋和水波紋的銀皮，劍身、格、柄均為分別鑄造再焊接而成，劍身長 78、寬 5 公分（參見圖 4-3）。Ⅲ-Ⅱ式，劍身更加細長，中起脊，橫剖面呈菱形。此式劍的劍格有兩種：一種為橢圓形，如朝陽姑營子，通長 84、身寬 415 公分（參見圖 4-3）；另一種呈弧狀長條形，兩端作如意頭狀，如朝陽前窗戶村遼墓出土 1 件，柄及鋒稍殘，通長 77.5、基寬 5.2、鋒寬 3、柄殘長 8 公分（參見圖 4-3）。[1]

（圖 4-3）　遼代鐵劍圖

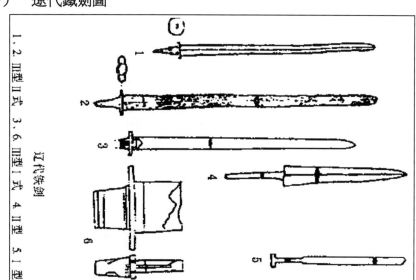

圖片來源：劉景文等，〈遼金兵器研究〉，《北方文物》，第一期（2004），頁 2。

（圖 4-4）　遼代錯金銀鐵矛

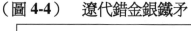
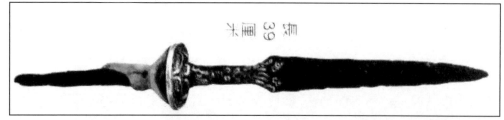

圖片來源：劉煒主編，《中華文明傳真・遼夏金元・草原帝國的榮耀》，頁 50。
　　　　　契丹以武立國，尤重兵備，矛作為重要的兵器，深受契丹貴族喜愛，是遼墓葬中常見的隨葬品、

---

[1] 資料整理自：劉景文、王秀蘭，〈遼金兵器研究〉，《北方文物》，第一期（2004），頁 49-50。

遼代軍事甲冑方面，可以參見劉永華《中國古代軍戎服飾》書中之〈遼代武士的鎧甲和戎服復原圖〉（參見圖 4-5）及《遼史》記載能夠知道，遼在契丹國時，軍隊就已使用鎧甲，主要採用的是唐末五代和宋的樣式，以宋爲主。鎧甲的上部結構與宋代完全相同，只有腿裙明顯比宋代的短，前後兩塊方形的鶻尾甲覆蓋於腿裙之上，則保持了唐末五代的特點。鎧甲護腹好象都用皮帶吊掛在腹前，然後用腰帶固定，這一點與宋代的皮甲相同，而胸前正中的大型圓護，是遼代特有的。遼代除用鐵甲外也使用皮甲。契丹族的武官服裝分爲公服和常服兩種，樣式沒有明顯不同，都是盤領、窄袖長袍，與一般男子服飾相同，可能常服比官服略緊身一些，這兩種都可作戎服。[1]

（圖 4-5） 遼代武士的鎧甲和戎服復原圖

圖片來源：劉永華，《中國古代軍戎服飾》，頁 135。

---

[1] 劉永華，《中國古代軍戎服飾》（上海：上海古籍出版社，2003），頁 135。

（圖 4-6） 遼代手持骨朵的武士

圖片來源：劉煒主編，《中華文明傳真‧遼夏金元‧草原帝國的榮耀》，頁 50。

（圖 4-7） 遼代手持骨朵的武士

圖片來源：劉煒主編，《中華文明傳真‧遼夏金元‧草原帝國的榮耀》，頁 45。

（圖 4-8） 遼代彩塑天王像

圖片來源：劉永華，《中國古代軍戎服飾》，頁 136。

（圖 4-9） 遼代手持骨朵的武士

圖片來源：劉永華，《中國古代軍戎服飾》，頁 136。

（圖 4-10） 遼代鐵盔

圖片來源：劉永華，《中國古代軍戎服飾》，頁 137。

（圖 4-11） 遼墓壁畫武士

圖片來源：劉永華，《中國古代軍戎服飾》，頁 138。

（圖4-12）　遼墓壁畫武士

圖片來源：劉永華，《中國古代軍戎服飾》，頁138。

（圖4-13）　遼墓壁畫武士

圖片來源：劉永華，《中國古代軍戎服飾》，頁139。

第二節　党項西夏的武備

以党項民族為主體的西夏國曾機一度雄據中國西北方，與宋朝、遼國形成三足鼎立，西夏國自西元 1038 年元昊稱帝到 1227 年滅亡，總共歷經十帝，政全維持了 190 年之久。為了維護統治以及開拓疆域，西夏國主建立了一支強大的軍隊。以騎兵為主馳騁平原，稱為「鐵鷂子」；其次是步兵的發展，逐險山谷，稱為「步跋子」。夏人從宋軍學習來火炮的製造、火蒺藜的技術，加上原本就擁有的拋射石彈技術，組成「旋風砲兵」。砲手約 200 名，號稱「潑喜」。又有水兵，配給「渾脫」，其渡如飛。西夏這支多兵種的部隊，必須配備精良的武器，才能在戰爭中發揮更大的作用。於是被當時宋人稱為「天下第一」的「夏國劍」應運而生。宋人晁補之《雞肋集》之中，曾經記述了這種寶劍的形狀、裝飾和鋒利程度：「往年身奪五刀劍，名玉所擐犀劏同。晨朝攜來一府看，竊指私語驚庭中。紅妝擁坐花照酒，青萍拔鞘堂生風。螺旋鋩鍔波起脊，白蛟雙挾三蒼龍。試人一縷立褫魄，戲客三招森動容。東波喜為出好礪，洮鴨綠石如堅鋼。」[1] 為了提高遠距離攻擊力，將士還配備了宋代射程威力最強的「神臂弓」。為了攻城奪地，夏軍更製造了一種名叫「對壘」的戰車，可以運載兵員填壕而進，是攻城的一種先進裝備。此外，還有一種旋風砲，裝置在駱駝鞍上，可以發射拳大的石彈，是一種精良的武器。從西夏語文辭典《文海》的「鐵」字頭部首中，亦能查到許多相關兵器的名稱，像是：兵器刀、劍、槍矢、斧、鎧甲等，而這些兵器製造無不與冶金、化學等領域的知識有關，象徵當時的科技水準。

綜合西夏文文獻《天盛改舊新定律令》（以下簡稱為《律令》）、《文海》、《貞觀玉鏡將》、《番漢合時掌中珠》、《俄藏黑水城文獻》等相關西夏文部分以及《續資治通鑒長編》、宋人筆記、《宋史》等漢文史料，再結合考古發掘的西夏兵器實

---

[1] 資料整理自：王福良，〈西夏的兵器製造與化學〉，《寧夏大學學報》，第二期（1999），頁 46。此詩為晁補之對蘇軾所獲之西夏劍極盡讚美之詞句。

物資料及西夏繪畫資料，例如從安西榆林窟西夏第三窟的《千手經變》之中，能夠發現西夏兵器主要有：刀、槍、劍、棍、矛、杖、叉、斧鉞、鉤、錘、弓、箭、弩、戟、金剛杵、月牙鏟、鐵蒺藜、背索、鍬!、披、甲、盔、盾、鐵衣、囊、革、縛袋、木櫓、幕梁、帳、符牌、印、旗、鼓、金、鐵繩索、板門、石炮、旋風炮、火蒺藜、對壘、木鵝梯衝、雲梯、馬鞍、馬鐙、馬銜等。其中火蒺藜是西夏從宋傳入並學習的用做攻城的火器，說明西夏不單單使用冷兵器，而且也使用火器，但在作戰中仍以冷兵器為主。按用途，上述兵器可以分為進攻性兵器、指揮用具、防守器械和軍馬用具。其中進攻性兵器又大致可分為格鬥、遠射、衛體及攻城器械四類。[1] 西夏語文辭典《文海》中曾為軍隊下了一簡單定義：「軍士也，集人聚馬、著甲、執兵器，鬥敵人者是也。」[2] 簡單與明瞭。

　　西夏國在具有雄才大略、希望建立霸業的西夏國主李元昊帶領之下，深深體會到鋼鐵對於戰爭、生產、生活的重要。在他執政時，極力發展鐵的冶煉。党項民族由於長期與宋、遼接觸，處於中國鋼鐵冶煉當時領先於世界的氛圍之中，加之西夏大量地引進人才，充份利用在戰爭中被擄掠的漢人，量才使用，其中不乏冶煉技術工人，他們將宋、遼先進的技術、知識帶到西夏國，使西夏的鋼鐵冶煉從最初的學習、仿製，逐漸形成出技術熟練以及工藝水準的創新，成為領先同時代的宋、遼之冶鐵科技，製造出「天下第一」的「夏國劍」。北宋《太平老人‧袖中錦》云：「契丹鞍、夏國劍、高麗秘色，皆為天下第一，他處雖效之，終不能及。」又，宋王明清筆記《揮塵後錄》載：「欽宗忠之，慰勞甚厚，解所佩夏國寶劍以賜。」[3] 汴京即將失守之時，欽宗禦宣德門，都人喧呼不已，王倫於是乘對欽宗言：「臣能彈壓之。」於是有欽宗將佩帶的夏國劍贈予王倫之事。

　　將「夏國劍」當作兵器，既堅硬且鋒利，在製造過程中必須經過：淬火、回火等步驟。淬火：是將鋼加熱到臨界點溫度以上，保溫後進行快速冷卻的熱處理

---

[1] 資料整理自：陳廣恩，〈西夏兵器及其配備制度〉，《固原師專學報》，第四期（2001），頁45。
[2] 蘇冠文，〈西夏兵器及其配備制度〉，《寧夏社會科學》，第六期（2000），頁78。
[3] 資料轉引自：皇甫江，《中國刀劍》，頁77。可見連宋朝欽宗本人亦常佩帶製造精良的夏國劍。

方法。爲了保持淬火鋼的硬度，同時增加鋼的韌性，必須將淬過火的鋼材進行回火處理，即將淬火後的鋼重新加熱到臨界點以下，保溫後進行冷卻，目的是改善淬火鋼的性能，消除淬火鋼的內應力。由於可見，夏國劍的問世，標榜著党項民族對於鋼鐵的熱處理技術領先於同時代各國。

　　西夏國的鋼鐵冶煉，提高爐溫是主要的關鍵。敦煌榆林窟西夏第三窟的「鍛鐵圖」壁畫，[1] 師傅一手執鐵鉗夾鐵置於鐵砧上，一手舉鐵錘，徒弟雙手正舉起鐵錘，准備鍛打，師傅身後一人正在推拉豎式雙扇木風扇，風扇後面的煉鐵爐騰起熾熱的火焰。依照圖片所畫來分析，木風扇約一人高，由一人操作，兩扇箱蓋板輪流一推一拉，可以不間斷地鼓風。這種木風扇加大了鼓風量，即增加了供氧量，增強了氧氣在爐中的穿透力，使燃料炭在爐中充分燃燒，提高了爐溫，增強了物料中揮發組分的揮發性和爐料中碳酸鹽的分解，有利於還原劑的還原性，提高了冶煉強度。党項民族能製造出聞名遐邇的「夏國劍」，証明西夏鋼鐵的冶煉水準領先當時的世界水準。[2]

（圖 4-14） 西夏持劍甲士彩繪木板畫

圖片來源：皇甫江，《中國刀劍》，頁 77。

---

[1] 鐘侃，《西夏簡史》（銀川：寧夏人民出版社，1979），頁 116-117。
[2] 王福良，〈西夏的兵器製造與化學〉，《寧夏大學學報》，第二期（1999），頁 46-47。

　　在西夏短兵器中的刀、劍的質量都相當地高。宋代詩人陸遊的詩中提到：「金絡洮州馬，珠裝夏國刀。」[1]《夢溪筆談》中還記載著宋將種世衡[2]差人盜取西夏大將野利寶刀的故事。[3]除了夏國劍外，西夏其餘兵器亦爲精良。像是《文海》和《文海雜類》的記載中，都有對「兵器」一詞的注釋。《宋史‧夏國傳》中提到：「凡正軍給長生馬、駝各一。團練使以上，帳一、弓一、箭五百、馬一、橐駝五，旗、鼓、槍、劍、棍棓、袋、披毯、渾脫、背索、鍬钁、斤斧、箭牌、鐵爪籬各一‧刺史以下，無帳無旗鼓，人各橐駝一、箭三百、幕梁一。兵三人同一幕梁。幕梁，織毛爲幕，而以木架。有砲手二百人號『潑喜』，陡立旋風砲於橐駝鞍，縱石如拳。得漢人勇者爲前軍，號「撞令郎」。若脆怯無他伎者，遷河外耕作，或以守肅州。」[4]這是在很多論著中都引用的話，其中講到多種兵器和其他多種軍隊裝備。

　　另外，《西夏天盛改舊新定律令》卷五的〈發放武器鎧甲門〉中記載的兵器還有撥子手扣全套，有弓、箭、弦、箭袋、長矛杖、槍、劍、銀劍、五寸叉、鐵笷籬等。卷九中還記載著有：弓箭、槍劍、刀、鐵連枷、馬鞍、裝箭袋、金、銀、種種鐵柄、披甲、編連碎段等，其中談到包括兵器在內的多種軍隊裝備。而《文海》和《文海雜類》中記載的兵器有槍、三刃箭、弓、弦、靶、鞘等，並進行了注解。在各式繪畫中西夏士兵的武器是長矛和刀，刀爲兩類：一種是長的寬面雙刃刀，刀尖向後微彎，刀柄有一個碟形的環；另一種是短而寬的彎刀。板斧和短弓也是常見。

　　在長兵器中主要是槍，《西夏天盛改舊新定律令》中特別規定：「槍式者，杆部一共長十一尺，務求一律。」可知其兵器製作要求嚴謹。最著名的射遠器應該是弓弩。《昨夢錄》：「西夏有竹牛，重數百斤，角甚長,黃黑相間，用以制弓極佳，

---

[1] 《陸游詩全集》，http://hx5000.bokee.com/viewdiary.15798131.html。
[2] 世衡（985-1045），大儒種放之子，北宋一朝種家將的開山人。爲時總領西北軍務的范仲淹一手提拔。招撫羌人，築城安邊，並巧施離間計，除去西夏李元昊的心腹大將野利旺榮、遇乞兄弟。
[3] 沈括，《夢溪筆談》，卷十三〈權智〉。
[4] 脫脫等，《宋史》，卷四百八十六〈夏國傳〉。

尤且健勁。」[1]「弓皮弦，矢柳，中之必貫甲。故所向無不破也。」[2] 西夏的軍事機械還有好幾種，例如：1098 年，西夏「國主與其母自將攻平夏城，自己卯至壬辰，晝夜疾攻。成等守益堅，夏人乃造高車以臨城，載數百人塡壕而進。俄有大風震折，夏人一夕遁去。」[3] 句中「臨城」可見高車之高，登車可與城上守軍對戰：「載數百人塡壕而進」可見其大，儼然一個龐然大物，然而卻不能抵禦大風的吹襲，可見其結構尚不夠合理，不是很好的軍事機械。西夏的「旋風砲」亦是一種成功的軍事機械，是一種犀利的射遠型兵器，可以將石塊向任意方向拋射。根據上頁註四《宋史·夏國傳》可知西夏有砲手 200 人，其部隊番號叫做「潑喜」，是一種很有党項民族特色的創造。

（圖 4-15）　回鶻寺內攻城壁畫，重現北方民族攻城的場面

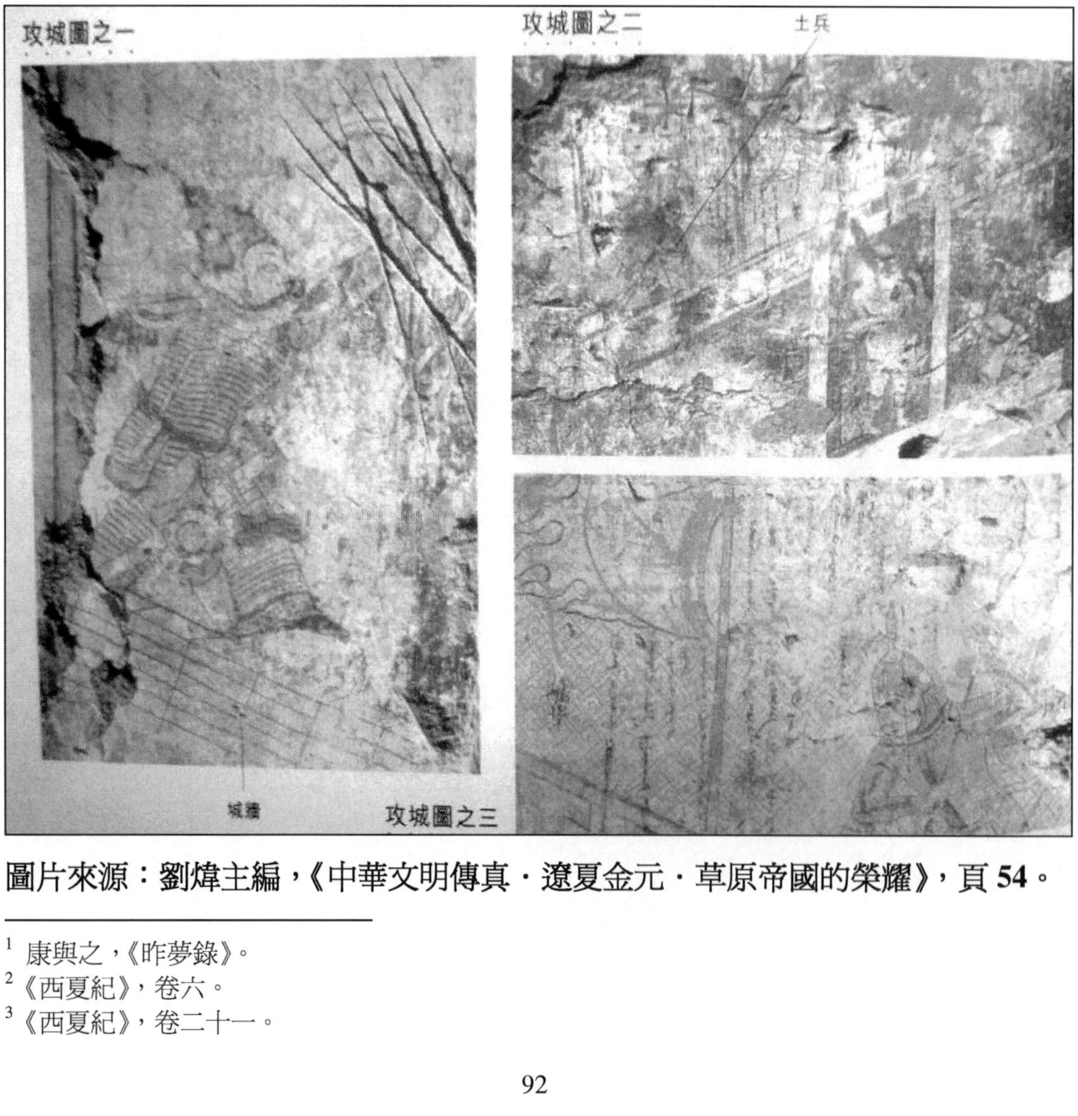

圖片來源：劉煒主編，《中華文明傳真·遼夏金元·草原帝國的榮耀》，頁 54。

---

[1] 康與之，《昨夢錄》。
[2]《西夏紀》，卷六。
[3]《西夏紀》，卷二十一。

（圖 4-16） 身披兜鍪、護披、鎧甲的西夏武士像

圖片來源：劉煒主編，《中華文明傳真・遼夏金元・草原帝國的榮耀》，頁 44。

（圖 4-17） 西夏「火急馳馬」令牌

圖片來源：同上書，頁 38。使者的身份證明，一片為漢文敕字，另一為西夏字「火急馳馬」。

（圖 4-18） 西夏民族服飾

圖片來源：劉永華，《中國古代軍戎服飾》，頁 151。

（圖 4-19） 西夏武士復原圖

圖片來源：劉永華，《中國古代軍戎服飾》，頁 150。

第三節　遼與西夏的軍事力量

　　鑌鐵之國－遼王朝在中國歷史上是以「用武立國」而著稱，作爲主要的軍事支柱，世家大族的軍事勢力引人注目。其具體表現在是倚靠強盛的私兵勢力，這與世家大族廣泛佔有奴隸是相適應的；又因爲世代統兵所形成的軍事權力和軍事影響，這則是由遼朝的軍事用人制度所決定的。《遼史・刑法志》載：「遼以用武立國」。[1] 此語即點明軍隊在契丹族建立遼國及鞏固政權中的重要地位。有遼一代，契丹族統治者重視軍隊建設，故而，遼朝軍隊的軍、兵種劃分比較細致，種類亦比較齊全。諸如：軍種便有禁軍、宮衛軍、私甲、部族軍、五京鄉丁、屬國軍、漢軍等；兵種則有騎兵、步兵、水師、後勤兵等。

　　遼國軍事力量分爲多種，以下針對特殊軍事力量來加以介紹。「禁軍」，禁軍是遼朝中央正規軍中的主力所在。而禁軍的精銳部分是「御帳親軍」，其主力脫胎於遼太祖時代創置的「腹心部」，到遼太宗時加以擴充，便成爲遼代中央的精銳部隊—「御帳親軍」。太宗時期所形成的「御帳親軍」主要包括「大帳皮室軍」和「屬珊軍」兩個部分，這兩支軍隊均由契丹人組成。先說大帳皮室軍。大帳皮室軍是在太祖時「腹心部」的基礎上擴建而成的，《遼史・百官志》：「太祖以行營爲宮，選諸部豪健千餘人，置爲腹心部……則皮室軍自太祖時已有，即腹心部是也」。[2] 其中「皮室」爲契丹語，在《遼史・國語解》中解釋爲「皆掌精兵」。[3] 而《宋史・宋琪傳》提到宋琪於宋太宗時上：「平燕薊十策」，裡頭講到「皮室……皆精甲也，爲其爪牙」。[4] 在一些史籍資料中，「皮室」也被寫成「比室」、「脾室」、「毗室」等。例如：余靖的《武溪集・契丹官儀》即云：「契丹謂金剛爲比室，取其堅利之名也」，[5] 音近而意同。「皮室軍」源於「腹心部」，腹心部創建於遼

---

[1] 脫脫等，《遼史》，卷六十一〈刑法志〉。
[2] 脫脫等，《遼史》，卷四十六〈百官志〉。
[3] 脫脫等，《遼史》，卷一百十六〈國語解〉。
[4] 脫脫等，《宋史》，卷二百六十四〈宋琪傳〉。
[5] 武玉梅，張國慶，〈遼朝軍、兵種考探〉，《黑龍江民族叢刊》，第一期（1999），頁46。

太祖元年（907），此年亦是阿保機取代遙輦氏爲部落聯盟長之際。《遼史‧耶律曷魯傳》載：「（遼太祖）即皇帝位，命曷魯總軍國事。時制度未講，國內未充，扈從未備，而諸弟剌葛等往往覬非望。太祖宮行營始置腹心部，選諸部豪健二千餘充之，以曷魯及蕭敵魯總焉」。[1] 「腹心部」鞏固了阿保機部落長的地位，助其順利登上皇帝寶座鋪平了道路。太祖七年（913）三月，耶律老古奉詔帶兵防變，「以功授右皮室詳穩，典宿衛」。[2] 耶律老古在這次平叛鬥爭中立下了汗馬功勞，因而被授予右皮室，可見其時皮室軍之名已經存在，且分爲左、右二軍了。太祖七年（913）距神冊元年（916）正式建立契丹國家尚有三年時間。由此可見，「皮室軍」之正式形成，是在耶律阿保機建國之前。

「私甲」，遼朝有由親王大臣等貴族的部曲組成的私甲武裝，又稱大首領部族軍。《遼史‧兵衛志》記載著：「遼親王大常，體國如家，征伐之際，往往置私甲以從王事。大者千餘騎，小者數百人，著籍皇府。國有戎政，量借三五千騎，常留餘兵爲部族根本」。[3] 遼朝私甲武裝的職能有兩種，一種是爲保衛親王大臣之安全，起家丁之作用；第二種是遇戰事時爲國所徵用，起常備野戰軍之作用。綜觀有遼一代，私甲武裝因人數有限，並無特別之重要地位，在保衛邊疆、鞏固政權過程中亦並未起多大作用，但有時卻成爲權臣用以陰謀奪取的工具。

「部族軍」顧名思義即是以部落爲單位，由游牧各族男子所組成的軍隊，包括契丹諸部之軍、奚軍、渤海軍以及內附的其他部族的軍隊，所以也稱「眾部族軍」。遼朝部族軍屬地方部隊，也是遼國的主力軍之一。所謂的「部族」，「部落曰部，氏族曰族」。「契丹故俗，分地而居，合族而處。有族而部者，五院、六院之類是也；有部而族者，奚王、室韋之類是也。」[4] 部族制不僅使遼代契丹等各族人民。「番居內地者，歲時敗牧平莽間；邊防甄戶，生生之資，仰給畜牧；續毛飲湩，以爲衣食，各安舊風，扭習勞事，不見紛華異物而遷」，達到了安定各

---

[1] 脫脫等，《遼史》，卷七十三〈耶律曷魯傳〉。
[2] 脫脫等，《遼史》，卷七十三〈耶律斜涅赤傳〉。
[3] 脫脫等，《遼史》，卷三十五〈兵衛志〉。
[4] 脫脫等，《遼史》，卷三十二〈兵衛志〉。

族人民生活及生產秩序之目的，同時也保証了契丹遼國擁有一支強大的武裝力

過─部族軍，[1] 使契丹及奚人的善騎射、尚武樂戰風氣得以保持，達到了「家給

人足，戎備整完，卒之虎視四方，強朝弱附」，「強國以百數」，「莫敢與櫻」，「莫

不率服」的目的。[2] 由於契丹諸部分地以牧，其軍分駐襟要之地，所以部族軍的

職能爲:戰時徵集操戈，平時「守衛四邊」。如此的情形，在《遼史·兵衛志》中

提到:「遼宮帳、部族、京州、屬國，各自爲軍，體統相承，分數秩然。雄長二

百餘年，凡以此也」。[3]

以上遼國部隊之中，有所謂的鐵軍，亦爲騎兵。胡三省《資治通鑒》注:「契

丹謂精騎爲鐵鷂，謂其身披鐵甲，而馳突輕疾，如鷂之搏鳥雀也」。[4] 總之，遼

朝的軍隊，大凡由契丹及北方遊牧民族所組成的軍隊，都屬騎兵。這與其遊牧民

族風俗習慣有很大關系。契丹人擅於騎射，故而其軍多爲騎兵。騎兵便於平原作

戰，因此，在五代和宋初的河北平原，當寒多來臨之時，大地草木零落，田野空

曠，這個時候就成爲契丹騎兵縱橫馳騁的大好場所了。不過，騎兵不適合於水鄉

澤國之上活動，所以遼政府曾禁止在「南京」的軍行要地開鑿水利和種稻，其主

要目的即爲便於騎兵活動。北宋針對遼朝騎兵的這一弱點，便在西起保州，東至

泥姑海口一線，溝通澱泊，築堤奎水，曲折延伸約 800 浬，以阻契丹騎兵。此一

戰略在《宋史》中載:

> 契丹輕而不整，貪而無親，勝不相讓，敗不相救。以馳騁為容儀，以弋獵
>
> 為耕釣。櫛風沐雨，不以為勞；露宿草行，不以為苦。復恃騎戰之利，故
>
> 頻年犯塞。臣聞兵有三陣:日月風雲，天陣也；山陵水泉，地陣也；兵車
>
> 士卒，人陣也。今用地陣而設險，以水泉而作固，建設陂塘，綿互滄海，
>
> 縱有敵騎，安能折衝！昨者契丹犯邊，高陽一路，東負海，西抵順安，士
>
> 庶安居，即屯田之利也。今順安西至西山，地雖數軍，路繞百里，縱有丘

---

[1] 陳烈，〈遼代部族軍〉，《昭烏達蒙族師專學報》，第一期（1992）。

[2] 脫脫等，《遼史》，卷三十二〈兵衛志〉。

[3] 脫脫等，《遼史》，卷四十六〈百官志·北面軍官〉。

[4] 《資治通鑒》，卷二百八十四《後晉紀》，〈開運二年三月〉條。

陵岡阜，亦多川瀆泉源，因而廣之，制為塘埭，自可息邊患矣。[1]

此即為「以水泉而作固」之牽制北方騎兵戰略。

遼國的步兵多由漢軍組成，史籍中經常見有「步兵」之記載。如《遼史・太宗紀》提到會同二年（936）六月，遼太宗耶律德光親自「閱步卒於（燕京）南郊」。德光所閱之「步卒」即為南京漢軍所屬。又，會同七年（944），契丹遼軍與後晉軍戰于戚城，契丹將領「麻答遣步卒萬人築營壘，騎兵萬人守於外，餘兵屯河西」。可見，此次戰役遼軍是採取了多兵種聯合作戰，既有騎兵，又有步卒，可能還有其他兵種的軍隊共同參戰。同時，由此條史料亦可看出遼代步兵在戰爭中的職能—修築營壘。當然，這並不是說遼朝步兵在戰爭中不能為先鋒，有時，他們也配合騎兵成梯隊式戰陣向敵軍發動攻擊。[2] 會同九年（946），契丹遼軍征伐後晉，中渡之戰，遼軍統帥「趙延壽以步卒前擊，高彥溫以騎兵乘之，追奔逐北，僵屍數萬」。[3] 尤其是到遼代末期，以步卒為主的漢軍在軍事征伐上，其作用更為顯著。如天祚帝天慶五年（1115）八月，遼出兵攻女真，「以都點檢蕭胡靚姑為都統，樞密直學士柴誼為副，將漢步、騎三萬，南出甯江州」。[4] 同年十一月，遼再舉攻伐女真，天祚帝「遣附馬蕭特末、林牙蕭察剌等將騎兵五萬、步卒四十萬、親軍七十萬至駝門」。[5] 可見當時步兵作戰的激烈程度。

西夏的兵制、軍隊、兵種、戰術等軍事制度及其軍事法規，既深受中原漢文化的影響，又具有鮮明的党項民族特色西夏實行全民皆兵制，兵力分成左、右兩廂，設有監軍司，軍隊屬中央管轄，分為侍衛軍與屯戍軍，有步兵、騎兵、砲兵、水兵等諸多不同兵種，戰術靈活機動，讓西夏得以能夠雄據一方。步兵是西夏軍隊的主要組成部分.其人數最多，戰鬥力最強。其中最精銳的是由山間部落丁男組成的「步跋子」，這批軍隊對於上山下海、翻山越嶺、出入谿澗，最能夠適應

---

[1] 脫脫等，《宋史》，卷二百七十三〈何繼筠傳〉。

[2] 武玉梅，張國慶，〈遼朝軍、兵種考探〉，《黑龍江民族叢刊》，第一期（1999），頁 46。

[3] 脫脫等，《遼史》，卷四〈太宗本紀〉。

[4] 脫脫等，《遼史》，卷二十八〈天祚帝本紀〉。

[5] 同上註。

並擁有高超的技巧，輕足善走。[1] 是西夏與宋軍作戰時，在「山谷深險之處遇敵，則多用步跋子以爲擊刺掩襲之用」，[2] 「步跋子」吃苦耐勞，尤其是由稱爲「山訛」的橫山羌組成的步跋子最爲有名。《宋史‧夏國傳》中曾載：

> 元昊既悉有夏、銀、綏、宥、靜、靈、鹽、會、勝、甘、涼、瓜、沙、肅，而洪、定、威、龍皆即堡鎮號州，仍居興州，阻河依賀蘭山爲固。始大建官，以嵬名守全、張陟、張絳、楊廓、徐敏宗、張文顯輩主謀議，以鍾鼎臣典文書，以成逋、克成賞、都臥、都如定、多多馬竇、惟吉主兵馬，野利仁榮主蕃學。置十二監軍司，委豪右分統其眾。自河北至午臘蒻山七萬人，以備契丹；河南洪州、白豹、安鹽州、羅落、天都、惟精山等五萬人，以備環、慶、鎮戎、原州；左廂宥州路五萬人，以備鄜、延、麟、府；右廂甘州路三萬人，以備西蕃、回紇；賀蘭駐兵五萬、靈州五萬人、興州興慶府七萬人爲鎮守，總五十餘萬。而苦戰倚山訛，山訛者，橫山羌，平夏兵不及也。選豪族善弓馬五千人迭直，號六班直，月給米二石。鐵騎三千，分十部，發兵以銀牌召部長面受約束。設十六司于興州，以總庶務。元昊自製蕃書，命野利仁榮演繹之，成十二卷，字形體方整類八分，而畫頗重複。教國人紀事用蕃書，而譯孝經、爾雅、四言雜字爲蕃語。[3]

以上述記載爲西夏建國的經過，在整備軍武中，即有「山訛」軍。

騎兵具有很強的作戰能力，亦是西夏軍隊的主力。由党項貴族子弟組成的精銳騎兵稱爲「鐵騎」，或稱爲「鐵鷂子」。在戰場上，常以「鐵騎爲前軍，乘善馬，重甲，刺斫不入，用鈎索絞聯，雖死馬上不墜。遇戰則先出鐵騎突陣，陣亂則衝擊之，步兵挾騎以進。」[4] 《宋史》記載：「有平夏騎兵謂之鐵鷂子者，百里而走，千里而期，最能倏往忽來，若電擊雲飛。每於平原馳騁之處遇敵，則多用鐵

---

[1] 脫脫等，《宋史》，卷一百九十〈兵志〉。
[2] 同上註。
[3] 脫脫等，《宋史》，卷四百八十五〈夏國傳〉。
[4] 脫脫等，《宋史》，卷四百八十六〈夏國傳〉。

鷂子以爲衝冒奔突之兵」。[1] 西夏騎兵在侍衛軍和監軍司軍中都占有一定比例。宋元祐七年（1092）十月，西夏以數十萬軍隊進攻宋環州（今中國甘肅省環縣），西夏梁太后「縱鐵鷂子數萬迎鬥」。[2] 戰爭最後，宋軍在洪德寨擊敗西夏鐵騎。

西夏國軍事力量中，還有「擒生軍」和「強弩軍」，可以說是西夏國的特戰兵種，擔負特殊的作戰任務。據《宋史》記載西夏軍隊：「諸軍兵總計五十餘萬，別有擒生十萬」，[3] 這十萬擒生軍的任務，可能是專門在戰鬥中配合正規軍俘掠生口、牲畜、財物，以解決給養和勞動力的輔助兵員。因爲夏國地廣人稀，需要大量的勞動力去開墾田地，另外由於夏軍出征,部落兵往往需自備資糧，因而建立這樣一支專門從事俘掠的軍隊是必要的。另外，還有強弩軍，西夏崇宗乾順時，庶弟察哥建議置強弩軍對付宋軍，其云：「自古行師，步騎並利。國家用『鐵鷂子』，以馳騁平原，用『步跋子』，以逐險山谷，然一遇陌刀法，鐵騎難施；若值神臂弓，步奚自潰。蓋可以守常，不可以禦變也。夫兵在審機，法貴善變，羌部弓弱矢短，技射不精，今宜選蕃漢壯勇，教以強弩，兼以標牌，平居則帶弓而鋤，臨戎則分番而進。以我國之短，易中國之長，如此，則無敵於天下矣。」[4] 於是崇宗采納了察哥建議，在西夏建立了強弩軍。

（圖 4-20）　遼人牽馬圖

圖片來源：劉煒主編，《中華文明傳真‧遼夏金元‧草原帝國的榮耀》，頁 19。

[1] 脫脫等，《宋史》，卷一百九十〈兵志〉。
[2] 吳廣成，《西夏書事》，卷二十九。
[3] 脫脫等，《宋史》，卷四百八十五〈夏國傳〉。
[4] 戴錫章，《西夏紀》，卷二十二。

（圖 4-21） 契丹鎏金馬鞍

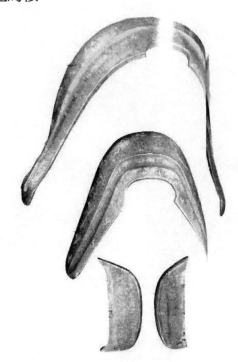

圖片來源：劉煒主編，《中華文明傳真‧遼夏金元‧草原帝國的榮耀》，頁 32-33。
契丹人由於長年征戰，因此在遼墓中常有隨葬的各式馬具出土。

（圖 4-22） 契丹皮囊壺

圖片來源：劉煒主編，《中華文明傳真‧遼夏金元‧草原帝國的榮耀》，頁 46。

（圖 **4-23**）　契丹馬具圖

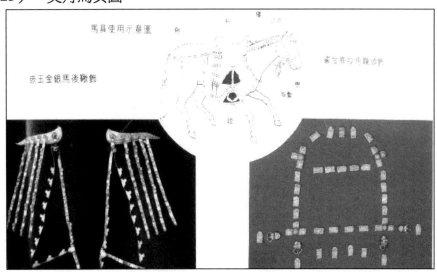

圖片來源：劉煒主編，《中華文明傳真・遼夏金元・草原帝國的榮耀》，頁 **49**。

（圖 **4-24**）　「萬歲台」龍紋金花銀硯

圖片來源：**http://www.caagp.com/servlet/Goods?Node=56276&Language=1**。**1992**
　　　　年遼代耶律羽之墓出土，收藏於內蒙古文物考古研究所。長 **18.4** 釐
　　　　米，寬 **11-13.6** 釐米，高 **7.6** 釐米。硯臺平面略呈梯形，由硯盒和銀
　　　　硯組成。盒底出花式足 **13** 個，周邊鏨刻卷蔓忍冬花紋。蓋正面下刻
　　　　波濤，中部模沖騰龍，繞飛於三株立蓮間，龍銜住中間一朵盛開的蓮
　　　　花，此蓮蕊之上托起的豎版上刻「萬歲臺」三字，上端飾遠山和祥雲
　　　　托日，蓋四邊飾牡丹，盒內裝箕形石硯。有的學者根據「萬歲臺」三
　　　　字，認為此硯是遼太宗耶律德光所賜。

（圖 4-25） 北方民族養馬圖

圖片來源：劉煒主編，《中華文明傳真・遼夏金元・草原帝國的榮耀》，頁 72-73。

（圖 4-26） 西夏騎兵復原圖

圖片來源：圖解西夏王朝發展史，http://big5.china.com.cn/city/zhuanti。

（圖 4-27）　党項馬

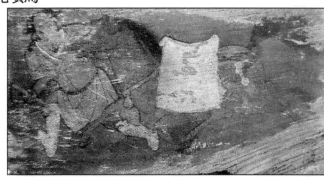

圖片來源：劉煒主編，《中華文明傳真‧遼夏金元‧草原帝國的榮耀》，頁 73。

（圖 4-28）　遼代馬鞍

（圖 4-29）　遼代馬鞍

圖片來源：杜文玉等編著，《圖說中國古代兵器與兵書》，頁 142。

第五章 驍勇善戰的鐵騎－金代武備之研究

　　女真民族創建的金王朝雖然在中國歷史上，只短短地存在 120 年，這在歷史
的長河中只是短暫的一瞬。然而它的歷史之所以重要，在於建立金王朝的女真族
本來是生活在我國東北白山黑水之間的弱小游牧、漁獵民族。但她卻在 10-11 世
紀逐漸強大起來，逐步形成強大的部落聯盟，並在 12 世紀初建立了金王朝，與
強大的中原王朝對抗了 120 年。建立金王朝的女真統治者來自生活在黑龍江流域
的生女真，就在如此的環境背景條件下，完顏阿骨打於 1115 年建立了金王朝，
並曾經整備軍武，征遼、攻宋，逐步形成北方統一局面。金王朝建立後，即著手
軍事制度的改革，設置了都元帥到謀克等系列軍隊將領體制，其中重要的將帥均
由皇子、皇族貴戚執掌，排除女真部落聯盟的統屬關系，確保中央主政者的統治
鞏固，各種新設立的軍事體制均由皇帝直接任命。在專一集權的體制下，再加上
對外作戰中不斷改善武器裝備，創造新型兵器，特別是火器的製造和裝備，對於
鞏固和提高金軍的戰鬥力起重大的效用。從眾多出土的兵器文物之中，即可看出
金朝統治者不斷加強軍事力量的努力。

圖 5-1　金國疆域圖

金國（1115-1234），是女真族建立的
政權，創建人為金太祖完顏旻，國號
金，建於 1115 年，建都會寧府。1125
年滅遼，次年滅北宋。後遷都中都，
再遷都至汴京。天興三年（1234）時
滅于蒙古與南宋聯合進攻，共經歷 9
位帝王。金國是當時中國北部的一個
強大政權，統治範圍東北到日本海、
鄂霍次克海、外興安嶺；西北到蒙
古；西邊接壤西夏；南邊以秦嶺、淮
河與南宋交界。維基百科

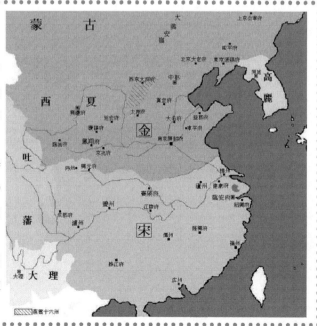

第一節　女真的武備

　　女真民族起源於原始的遊牧社會，由於狩獵與作戰的需要，女真民族已經在原始部落時期已有兵器製作的手工業之發展。金朝建立以後，武器裝備的水準已經有大幅度的提升，從目前出土的文物及掌握的文獻來看，金代的代表性武器裝備為：格鬥兵器、拋射兵器、火兵器、衛體裝備、攻城器械等幾大項，以上這些均是撐起金代武備的軍事力量。完顏阿骨打建立起金國後，即以收國為年號，並將軍事目標索定遼國，稱說：「遼以賓鐵為號，取其堅也。賓鐵雖堅，終亦變壞，惟金不變不壞。金之色白，完顏部色尚白。」[1] 於是將國號命名為「大金」。

（一）格鬥兵器

　　金的格鬥兵器如同中國兵器的發展，有著沿襲傳統的刀、槍、劍、槊、斧、戟等等。各種兵器亦有不同的形制與名稱，像是：橫刀、長刀、板刀、敲刀、朱縢刀、佩刀、手刀等品項。[2] 而槍也有分長短之別，其中長槍一般不超過「一丈二尺」，[3] 金朝將領抹撚史扢搭「拳勇善鬥，所用槍長二丈，軍中號為『長槍副統』。又工用手箭，箭長不盈握，每用百數，散置鎧中，遇敵抽箭，以鞭揮之，或以指鉗取飛擲，數矢齊發，無不中，敵以為神。其箭皆以智創，雖子弟亦不能傳其法。在北部守厭山營，敵尤畏之，不敢近。」[4] 金代戰刀的發展趨勢是由直身單刃向利於砍劈的彎型戰刀來演變。槍的形制常見到頭部呈現尖形狀，棱形橫且闊，中間起脊較為明顯，籤部無刻紋，主要用以對付金屬鱗片狀、甲片狀鎧甲較為有效。

　　金代時，格鬥兵器以堅硬的鑌鐵製成品為最佳。例如：金世宗即位以後，曾經賜予平章政事、右副元帥僕散忠義「御府貂裘、賓鐵吐鶻弓矢大刀、具裝對馬

---

[1] 脫脫等，《金史》，卷二〈金太祖紀〉。
[2] 脫脫等，《金史》（臺北，臺灣商務印書館，1988）。
[3] 脫脫等，《金史》，卷九十九〈北記〉。
[4] 脫脫等，《金史》，卷九十三〈抹撚史扢搭傳〉。

及安山鐵甲、金牌。」[1] 而金代將領中亦有善要「大刀」者：

> 徐文字彥武，萊州掖縣人，徙膠水。少時販鹽為業，往來瀕海數州，剛勇
> 尚氣，儕輩皆憚之。宋季盜起，募戰士，為密州板橋左十將。勇力過人，
> 揮巨刀重五十斤，所向無前，人呼為「徐大刀」。後隸王龍圖麾下，與夏
> 人戰，生擒一將，補進武校尉。[2]

金代大定年間，紇石烈志寧面對宋將李世輔「以步騎數萬，皆執盾，背城為陣，
外以行馬捍之」之勢，金兵仍舊「斬首四千餘，赴水死者不可勝計，獲甲三萬」，
因此紇石烈志寧得到「御服金線袍、玉吐鶻、賓鐵佩刀」[3] 等榮重之器物。格鬥
兵器在戰場上，金軍最常使用的是刀、槍，如：海陵王正隆年間時，就僅僅鄆州、
相州、青州等三地就上繳「銅板刀五千口，改造敲刀。」[4]

（二）拋射兵器

金代部隊中主要的拋射器械為弓弩和拋石機。金代的弓箭，與宋軍所使用者
有相當大的差別性。宋弓主要的特點是弓勁箭遠，像是威力強大的「神臂弓」。
然而金的「弓力止七斗，箭極長。」[5] 金軍的弓力一般僅及南宋三等士兵所用之
弓。金代的劍鏃多由鐵製成，並且有呈現窄狹三角棱形的穿甲箭鏃，更有「箭鏃
至六、七寸，形如鑿，入輒不可出。」[6] 宋代將領趙立曾經於楚州（今中國江蘇
省淮安縣）被金兵射中面部後，「箭鏃入舌下，堅不可取，命醫以鐵箝破齒，鑿
骨鈕去，移時乃出，流血盈襟。」[7] 此種情況很有可能即是被射中長箭鏃。宋金
和戰之中，金兵常使用這種弓箭等兵器遠距離制敵，像是攻打開封城時，金軍就
曾「箭發如雨，中城壁如猬毛。」[8]

金軍中，威力最強大的拋射兵器為「砲」。當時的砲主要還是利用幹杆原理

---

[1] 脫脫等，《金史》，卷九十三〈僕散忠義傳〉。
[2] 脫脫等，《金史》，卷七十九〈徐文傳〉。
[3] 脫脫等，《金史》，卷八十七〈紇石烈志寧傳〉。
[4] 《會編》，卷二百四十三〈煬王江上錄〉。
[5] 《會編》，卷二百四十三〈金虜圖經〉。
[6] 《會編》，卷三〈宣政上帙〉。
[7] 王明清，《揮塵後錄》，卷九。
[8] 《會編》，卷六十六〈靖康中帙〉。

的拋射器械。金代的造砲技術，起先是源於遼國，後來與宋軍作戰之中吸收了宋代造砲工藝，並且不斷地加以改進。文獻史料之中曾經記載：「金人攻城，大砲、對樓，勢不可當。」[1] 而在天會三年（1125）就已開始使用砲車進行攻城作戰，金國的砲車發展相當快速，從初期的幾十座，直到千餘座。梢（發彈射石塊的長杆）是砲車主要的裝置，梢的數量越多，拋射的威力就越強，若是射程越遠，砲車發射的石塊就越重。根據史書的記載：金國的七梢砲可以施放 50 斤重的砲車石塊。金代砲車的種類有很多種，最常用的是發射三、四斤重的泥丸小砲車，也有可以發射巨石的九梢虎蹲砲車，還有能夠左右旋轉變換發射方向的旋風砲車，更有一次可以拋射數枚石塊的撒星砲車，最後還有能夠發射大石塊，而且百步之外仍命中率高的遏砲車等等。[2] 所以金國的造砲科技有後來居上的態勢。

（三）火兵器

中國火球與火藥箭技術一經創制成功後，北宋朝廷的軍工部門便不斷擴人生產，製造增加產量，改善各地駐軍的武器裝備，以為作戰之需。如北宋元豐七年二月，朝廷為了加強西北熙州（今甘肅臨洮）與河北（今甘肅蓮花）的防禦，一次就從東京（今開封）調撥火藥弓箭 2 萬支，火藥火炮箭 2000 支，火彈 2000 枚等眾多火藥武器來裝備軍隊，而這些火器在宋軍抵禦北方遊牧民族軍隊進攻的作戰中，尤其在守城戰中，發揮了重要之作用。北宋靖康元年（1126）正月，金朝的東路軍渡過黃河進圍汴梁，尚書右丞、東京留守李綱奉命部署戰守，並親自登上咸豐門指揮作戰，他下令軍中，如能用床子弩與火砲擊中金兵者，給厚獎。士兵們於是趁夜發射霹靂砲打擊攻城金軍，炮發火起，戶如霹靂，金軍被炮火燒亂了陣腳，驚叫不絕，無奈北撤而去。

火藥和火藥武器在北宋時雖已發展到很高水準，但和北宋同時並存的國內其他各族還不會製作和使用，直到「東京保衛戰」後金軍撤圍之時，從被俘的宋軍和工匠中，學會了火器製造與使用方法，即進行仿製，用於作戰，當年九月，金

---

[1] 《會編》，卷一百三十九〈朝野僉言後序〉。
[2] 《會編》，卷六十一〈北記〉。《守城錄》，卷一至卷三。

西路軍攻戰太原後，於十一月初用石梯、鵝車洞了等進攻懷州城（河南泌陽），最後占領了懷州。閏十一月初，金東西兩路軍第二次進攻東京（今開封），重點在城東，其攻城能力已非往昔可比。所用的攻城器械，除火梯、石梯、鵝車洞子、撞杆、釣杆及各種拋石機外，還使用了火砲、火藥箭等武器。宋軍也利用多種火藥器與冷器相結合，進行頑強的守城戰。這一攻一守實則是雙方火藥武器的對抗，金軍在進攻時，允分發揮了火藥箭與火炮的威力，而宋軍則由於種種原因，未能發揮火兵器的優勢，結果戰敗，金軍於當月二十五日攻破東京，亦代表著金國的火兵器之科技水準提升。

南宋紹興二年（1132），德安守臣陳規製成噴射火燄的長竹竿槍後，金國人亦不斷研發與仿造，《金史》曾載：「槍制，以勒黃紙十六重爲筒，長二尺許，實以柳炭、鐵滓、磁末、硫黃、砒霜之屬，以繩繫槍端。軍士各懸小鐵罐藏火，臨陣燒之，焰出槍前丈餘，藥盡而筒不損。蓋汴京被攻已嘗得用，今復用之。」[1] 這個時候的火槍，稱之爲「飛火槍」，文獻記載當時在戰場上的軍隊只畏懼「飛火槍」及「震天雷」二物：

> 守城之具有火砲名「震天雷」者，鐵罐盛藥，以火點之，砲起火發，其聲如雷，聞百里外，所蒸圍半畝之上，火點著甲鐵皆透。大兵又爲牛皮洞，直至城下，掘城爲龕，間可容人，則城上不可奈何矣。人有獻策者，以鐵繩懸「震天雷」者，順城而下，至掘處火發，人與牛皮皆碎迸無跡。又「飛火槍」，注藥以火發之，輒前燒十餘步，人亦不敢近。大兵惟畏此二物。[2]

所以在金國與蒙古人戰爭之時，金國的火砲及火槍給予對手沉重的打擊。另外，金軍亦常使用火藥箭，例如：金世宗時，宋金和戰中，金將徒單克寧：

> 以火箭射其營舍，盡焚，踰河撤橋，與其大軍相會。隔水射之，宋兵不能爲陣。猛安鈔兀以六十騎擊宋騎兵千餘，不利，少却。克寧以猛安賽剌九

---

[1] 脫脫等，《金史》，卷一百十六〈蒲察官奴傳〉。
[2] 脫脫等，《金史》，卷一百十三〈赤盞合喜傳〉。

十騎橫擊之。[1]

金將善用「火藥箭」，致使宋兵大敗。

（四）衛體裝備

　　金朝建立之前，女真完顏部落的鎧甲形制與製造均相當落後，一直到烏古迺任部落聯盟酋長之時，尚不能煉鐵與製造鎧甲。《金史》曾載：「生女直舊無鐵，鄰國有以甲胄來鬻者，傾貲厚賈以與貿易，亦令昆弟族人皆售之。得鐵既多，因之以修弓矢，備器械，兵勢稍振，前後願附者。斡泯水蒲察部、泰神忒保水完顏部、統門水溫迪痕部、神隱水完顏部，皆相繼來附。」[2] 從此之後，女真完顏部落「得鐵既多」，於是才開始製造甲胄。金國建立之後，多次對遼與對宋戰爭之中，多重視軍隊的衛體裝備，正所謂的「人馬皆全副甲。」[3] 金軍常使用的甲胄有兩種，一種是「甲止半身，護膝微存，馬甲亦甚輕」，[4] 這是一種較為輕便的鎧甲；另一種則為「重鎧全裝」，此種鎧甲如同魏晉南北朝的重裝鎧，其防護能力相當地高，屬於一種鱗片形甲胄，特點則為「厚鎧」、「鐵面」，「兜鍪極堅，止露兩目，槍箭不能入。」[5] 金軍在對付中原軍隊之時，常使用一種叫做「鐵浮屠」的重裝騎兵作戰：

> 兀术被白袍，乘甲馬，以牙兵三千督戰，兵皆重鎧甲，號「鐵浮圖」；戴鐵兜牟，周匝綴長簷。三人為伍，貫以韋索，每進一步，即用拒馬擁之，人進一步，拒馬亦進，退不可卻。官軍以槍標去其兜牟，大斧斷其臂，碎其首。敵又以鐵騎分左右翼，號「拐子馬」，皆女真為之，號「長勝軍」，專以攻堅，戰酣然後用之。自用兵以來，所向無前。[6]

又，金兀术曾經「親循城，責諸酋用兵之失，跪曰：『南兵非昔比。』」兀尤下令

---

[1] 脫脫等，《金史》，卷九十二〈徒單克寧傳〉。
[2] 脫脫等，《金史》，卷一〈金世祖本紀〉。
[3] 《會編》，卷六十一〈北記〉
[4] 《會編》，卷二百四十三〈金虜圖經〉。
[5] 脫脫等，《宋史》，卷四百三〈孟宗正傳〉。
[6] 脫脫等，《宋史》，卷三百六十六〈劉錡傳〉。

晨飯府庭，且折箭爲誓，並兵十餘萬攻城，自將鐵浮屠軍三千遊擊」，[1] 來跟宋軍將領陳規和劉錡決一死戰。

（五）攻城器械

金軍在攻城器械上發展最快，遼金戰爭之時，由於金軍攻城器械簡陋，僅擁有少量的雲梯，所以只能採取誘敵出城來進行野戰，進而消滅敵軍的策略。直到天輔六年（1122），金軍進攻遼西京（今山西大同）時，已經開始使用洞子、樓車等攻城器械。天會三年（1125）金軍圍攻宋朝太原時，已有洞子、鵝車、偏橋、雲梯、火梯等，「凡有數千」。[2] 此時，金國的製造技術又有較大的進步，如洞子「下置車輪，上安巨木，狀如屋形，以生牛皮幔上，又以鐵葉裹之，人在其內，推而行之。」而且，動輒「節次相續，凡五十於輛，人運土木、柴薪於中。」[3] 可知其進展。

（圖 5-2）　　輕重鎧甲騎兵出陣示意圖

圖片來源：劉煒主編，《中華文明傳真・遼夏金元・草原帝國的榮耀》，頁 52。

---

[1] 脫脫等，《宋史》，卷三百七十七〈陳規傳〉。
[2] 《會編》。
[3] 同上註。

（圖 5-3）　　「鐵浮屠」攻城示意圖

圖片來源：劉煒主編，《中華文明傳真・遼夏金元・草原帝國的榮耀》，頁 53。
　　　　　金宋和戰之中，為了攻破宋朝城池，金兀术率領並組織了敢死隊，這
　　　　　種硬碰硬的作戰方式，不僅行動緩慢，而且會損失慘重。圖中金軍由
　　　　　拐子馬督戰，人進一步，則馬子亦進一步。「鐵浮屠」則居中前進，
　　　　　並穿戴多重防護裝備，三人為一組，用皮繩相連接。

（圖 5-4）　　金代七星劍

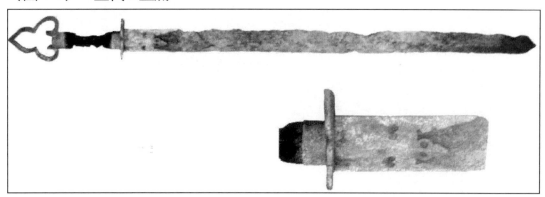

圖片來源：皇甫江，《中國刀劍》，頁 78。

第二節　女真的出土兵器

　　女真民族起源於原始的遊牧社會，所以其已有的兵器製作手工業之發展，僅有原始部落時期的水準。金朝建立以後，武器裝備的水準已經有大幅度的提升，從目前出土的文物及掌握的文獻來看，金代的代表性武器裝備爲：格鬥兵器、拋射兵器、火兵器、衛體裝備、攻城器械等幾大項，以上這些均是撐起金代武備的軍事力量。針對出土的大量出土的金代兵器進行了類型研究和比較，從而推論出金朝時代軍事力量強大之因，並進一步闡述金國軍事力量的壯大和發展，是其賴以雄踞北方數百年的重要因素之一；而金國王朝和人民在不斷地與中原王朝和人民的戰爭及交往中，學習中原的先進事物和科技，並轉而利用以發展自己國力，這才是金國強大的源泉之一。

　　隨著金朝統治者的權力鞏固，金朝最高統治者爲疏通軍隊的指揮管道，曾經先後廢除原來的都元帥府等，設立新的由皇帝直接任命的高級軍事將領。加之金國在與遼、宋作戰中不斷改善武器裝備，創造新型兵器，特別是火器的製造和裝備，對於鞏固和提高金軍的戰鬥力起了巨大作用。從眾多出土的金代常用兵器之中，亦可看出金朝統治者不斷加強軍事力量之一情景。根據目前的調查、發掘的金代城址、遺址、墓葬和窖藏出上的文物中，多含有金代兵器。其中出土兵器較爲集中的有阿城金上京、吐列毛杜古城、德惠後城子古城、肇東八里城、綏濱永生金墓、阿城雙城村金墓、金東北路界壕邊堡、黃家圍子金墓等。[1]兵器的主要種類有：鐵戰刀、鐵劍、鐵叉、鐵鐏、鐵跋、鐵蒺藜、鐵甲片、銅骨朵、銅弩機、樺皮箭囊等。有的兵器發現多種形制，下面就主要類型來簡述之。

　　戰刀出土的種類較多。由於出土的報告多無附圖，雖然分析較難，但大致上分成四型。第一型：寬身窄柄，直背弧刃。如肇東八里城即有出土（圖5-5，1）。第二型：身稍窄、直背、刃前部稍弧，環首窄柄。如肇東八里城出土即有一件（圖

---

[1] 資料整理自劉景文、王秀蘭，〈遼金兵器研究〉，《北方文物》，第一期（2004）。

5-5，2）。第三型：器身長大、直背、刃微弧，前半部稍上翹，窄柄，身柄間有護手，近前端有一圓孔。如五常金代窖藏出土即有四件。其中一件通長 85.5、刃寬 3.5 公分。第四型：2 件。窄身窄柄，直背、直刃、尖端稍弧。如肇東八里城出土的一件（圖 5-5，3）。另一件窄身似劍，如阿城雙城村金墓 A 887，長 31、刃寬 2 公分，外有銀鞘，鞘長 43 公分（圖 5-5，4）。[1]

　　鐵矛出土較多，大致上分成五形制。第一型：矛身前窄後寬，起脊，橫剖而呈菱形，圓筒與矛身分界明顯。如阿城雙城村金墓 A912，通長 30.4、筒長 11.4

（圖 5-5）　　金代戰刀

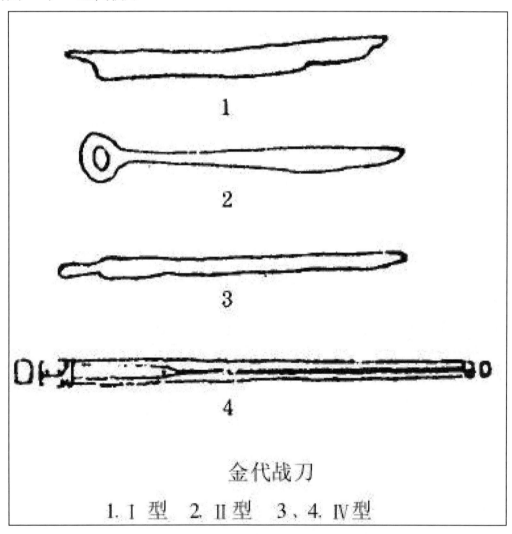

金代战刀
1. I 型　2. II 型　3、4. IV 型

圖片來源：劉景文、王秀蘭，〈遼金兵器研究〉，《北方文物》，第一期（**2004**）。

---

[1] 資料整理自劉景文、王秀蘭，〈遼金兵器研究〉，《北方文物》，第一期（2004）。

（圖5-6，4）。有的矛身短，筒長。如通化下排子村金代遺址出土之一件（圖5-6，1）。第三型：矛身有的如第一型，有的呈柳葉形，前後寬度相近，身起脊，橫剖而呈菱形，身與筒之間有一圓形節。如阿城雙城村金墓 A950，通長 24.6、筒長 10.2 公分（圖5-6，3）。同墓群的 A993，通長 26.2、筒長 15.2 公分（圖5-6，2）。第三型：器形較短小，身筒分界明顯，頂端呈鴨嘴形。如肇東八里城即有出土。第四型：矛身與筒無明顯分界，略呈扁尖錐形。如肇東八里城即有出土（圖5-6，5）。第五型：身筒無明顯分界。如德惠後城子古城 T11：1，通長 28 公分（圖5-6，6）。

（圖5-6）　金代出土鐵槍

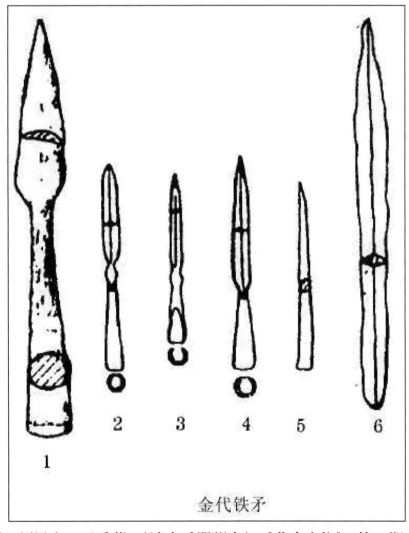

金代铁矛

圖片來源：劉景文、王秀蘭，〈遼金兵器研究〉，《北方文物》，第一期（**2004**）。

　　銅弩機出上極少。如德惠後城子古城 F2：64，銅機郭略呈梯形，兩端呈燕尾形，懸刀爲鐵質，由穿釘連於機郭上。全長 10.5、寬 2.5、懸刀長 5 公分（圖 5-7）。銅骨朵出土亦爲極少數，形制與遼代同類器物迥異，可分二形態。第一型：呈多棱形，如五常金代窖藏出土之一件，中心通一直徑 2 公分的圓孔，外部中間四角各有一粗錐形刺，在刺與身折角處斜出一孔，骨朵長 6.1、寬 3.8 公分（圖 5-8，1）。第二型：主體爲球形，中心通一圓孔。如五常金代窖藏出土之一件，器體上半部有兩周圓形刺，上層 7 個，下層 9 個，器體直徑 4.2、孔徑 1.5 至 2 公分（圖 5-8，2）。[1]

　　金代兵器製造者能夠承襲了宋、遼兵器種類與形制中較爲先進的部分。同時又針爲該兵器之優缺點加以改進，因此可以創造出比遼、宋兩國更爲先進的兵器，從而使得金國的軍隊在武器裝備處於良好狀態，使之保持了一支較強而有力的軍事力量。這是維持其統治者權力及與中原王朝抗衡的重要基礎之一，因此得以發展出驍勇善戰的鐵騎。

（圖 5-7）　金代出土銅弩機

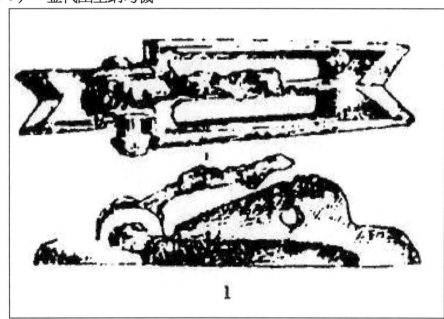

圖片來源：劉景文、王秀蘭，〈遼金兵器研究〉，《北方文物》，第一期（2004）。

---

[1] 資料整理自劉景文、王秀蘭，〈遼金兵器研究〉，《北方文物》，第一期（2004）。

（圖5-8）　金代出土銅骨朵

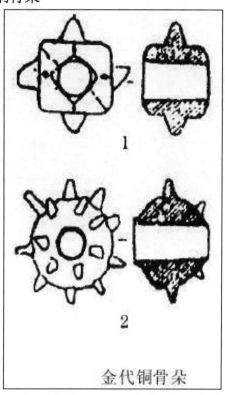

圖片來源：劉景文、王秀蘭，〈遼金兵器研究〉，《北方文物》，第一期（**2004**）。

（圖5-9）　金國石刻武將

圖片來源：劉永華，《中國古代軍戎服飾》，頁 **145**。

（圖5-10）　驍勇善戰的金國騎兵石刻

圖片來源：劉永華，《中國古代軍戎服飾》，頁144。

（圖5-11）　金國武將復原圖

圖片來源：劉永華，《中國古代軍戎服飾》，頁143。金代早期的鎧甲只有半身，
　　　　　下面是護膝；中期前後，鎧甲很快完備起來，鎧甲都有長而寬大的腿
　　　　　裙，其防護面積已與宋朝的相差無幾，形式上也受北宋的影響。金代
　　　　　戎服袍爲盤領、窄袖，衣長至腳面；戎服袍還可以罩袍穿在鎧甲外面。

第三節　金國的水軍與造船

　　中國古代在水軍建設的方面，即取得了舉世矚目的光輝成就。無論在艦船製造、艦隊航海、水軍武器，或者在水軍軍事思想等方面，均不斷發展、創新，長期居於世界前列。中國可以說是世界古代水軍發源地之一，直到今日的二千年間一直是太平洋上的海軍強國。中國歷來就是海洋大國，中國位置處於太平洋的西岸，既擁有遼闊的陸土，又具有浩瀚的海洋國土。從遠古時代開始，中國就萌發了自己的造船和航海事業，並對中國歷史和世界文明作出了偉大貢獻。海洋既是一種阻隔天塹又是運輸通途，中國不僅與東北亞、東南亞是海上近鄰，而且與美洲、大洋洲隔太平洋相望，中國面臨著寬廣、複雜和多方位的世界海洋態勢。中國水軍的優勢在於擁有眾多優良港灣和沿海島嶼，馳騁於遼闊的海域。中國的東部和南部瀕臨太平洋，渤海是內海，東、南兩面為北太平洋西部的邊緣黃海、東海和南海。中國海岸線長達 1.8 萬多公里，沿海良港眾多，島嶼星羅棋布，面積 500 平方公尺以上的島嶼有 6,500 多個，還有很多礁和沙洲，構成環圍大陸的島嶼鏈，自然形成一條海上天然屏障和海防前哨。

　　金代的造船技術從原始的建造獨木舟，到金代建國後，發展到完顏時期能建造大型戰艦，主要是吸收了宋朝的先進經驗，也是完顏亮出於戰爭的需要。但是，在宋金采石海戰之中，完顏亮的水軍在侵宋戰爭中仍不是裝備了先進戰艦、擁有豐富水戰經驗的宋朝水軍的對手，此次水戰的失利，也最終導致了完顏亮的覆亡。女真族生活的白山黑水之間，其自然地理中分佈著眾多的河流。著名的大河有：黑龍江、松花江、遼河等，在這種環境中，女真人很早就掌握了造船技術。但是因為原始落後的生產力和缺乏與先進民族的交流，他們所造的船多為小舟。據說，金皇室的始祖完顏函普之孫綏可（後尊為獻祖）「自幼習射采生，長而善騎射獵，教人燒炭煉鐵剖木為器，製造舟車，種植五穀，建造屋宇。」[1] 這種「舟」

---

[1]《三朝北盟會編》，卷十八引《神龍記》。

於後來宋出使金國時，被扣留的洪皓其筆下有著詳細的記載：「其俗剖木爲舟，長可八尺，形如梭，日梭船。上施一，止以捕魚，至渡車則方舟或三舟。後悟室得南人，始造船如中國運糧者，多自國都往五國頭城載魚」。[1] 可見，這種小船實爲長八尺的獨木舟，上面只有一槳，因爲是捕魚之用，因而至少能乘坐兩人，一人操槳，一人捕魚。如果用於渡口擺渡車輛及眾多人員，則須將兩舟或三舟並排連接。可見，這時女真人的造船技術還比較原始、落後。後來，在所俘宋人的幫助下，對金朝典章制度多有貢獻的完顏希尹才主持建造了與宋運糧船即槽船一樣的船舶。

（圖 5-12）　　《武經總要》中之戰船

圖片來源：維基百科。

金代大規模的造船是在海陵王完顏亮時。完顏亮在殺了熙宗，篡位登基之後，爲了實現本身對於大一統的理想，在將首都遷往中都後，又決定將都城由中

---

[1]《松漠記聞》，《遼海叢書》，頁 209，遼沈書社 1985 年版。這條史料高福順先生在《隋唐朝遼金時期東北水路交通的開發》（《長春師范學院學報》2000 年第 1 期）一文中曾引用過，將這條史料標點爲「後悟室得南人，始造船如中國，運糧者，多自國都往五國頭城載魚」。

都（今中國北京市）遷移至南京（今中國河南省開封市），以便對南宋王朝戰爭的準備。於是在正隆三年（1158）開始整軍備武與大興土木，營建新都南京。由於營造工程需要大量木材，而當時木材又多出於關中青峰山，為方便交通，完顏亮決定在蒲津處重建浮橋。負責此事的是時任同知河中府（今中國山西省永濟）的楊仲武「海陵營繕南京，典浮橋工役。」[1] 南宋士人對此事亦有所記載，當時從金國投奔南宋的「歸朝官」李宗閔在向宋高宗提出的戰備建議書上說：「臣竊聞近者金人岐、雍間伐木以造浮梁。」[2] 但這次具體負責工程實施的是金國彰德軍節度使張中彥，《金史》曾載：

> 明年（正隆四年，1159）作河上浮梁，複領其役。舟之始制，匠者不得其法，中彥手制小舟才數寸許，不假膠漆而首尾自相鉤帶，謂之『鼓子卯』，諸匠無不駭服，其智巧如此。浮梁巨艦畢功，將發旁郡民曳之就水。中彥招役夫數十人，沿地勢順下傾瀉於河，取新秫秸密佈於地，複以大木限其旁，凌晨督眾乘霜滑曳之，殊不勞力而致諸水。[3]

可見，建造浮橋所用的船隻非常巨大，並且張中彥解決了架設浮橋的兩個工程難題：一是架設浮橋所用船隻的連接問題，他採用榫卯結構的「鼓子卯」將船隻首尾連接起來。二是架設浮橋所用船隻的下水問題，他利用落差原理，在河岸的斜坡上用新鮮秫秸鋪設滑道，然後在兩邊用原木固定，以防船隻滑出滑道。在凌晨有霜，摩擦系數較小的時候，將船隻很容易地推下河，從而使工程圓滿完工。

完顏亮出於伐宋戰爭的需要，又大規模地建造船艦，正隆四年（1159）二月，「改行都水監，監造戰船於通州」，[4] 負責造船的官員有韓國公斜卯阿里、工商尚書蘇保衡、工部侍郎韓錫、工部郎中張參、都水監徐文等人。實際負責事務的是宋降臣倪詢、商簡、梁三兒等人。[5] 在造戰船的同時，還取得「籍諸路水手得

---

[1] 脫脫等，《金史》，卷九十一〈楊仲武傳〉。
[2] 《建炎以來繫年要錄》，卷一百八十一。
[3] 脫脫等，《金史》，卷七十九〈張中彥傳〉。
[4] 脫脫等，《金史》，卷七十九〈徐文傳〉。
[5] 資料整理自劉景文、王秀蘭，〈遼金兵器研究〉，《北方文物》，第一期（2004）。

三萬」人。[1] 而且《三朝北盟會編》提到：

> 金人所造戰船，系是福建人，北人謂之倪蠻子等三人，指教打造七百隻，
> 皆是通州樣，各人補忠翊校尉。虜主雲候將來成功，以節度使待之。其所
> 統主將皆南官靳賽、徐文、孟彬、王大刀等主管，然所括水手皆灌園、種
> 稻、取魚之人，實不諳江海水性。其官吏往往通賄賂，謂如實曾駕舟之人，
> 有錢則得免。其不諳水性者，無以為賂，則反被差委。其宿州水手無處聲
> 冤，眾人共毆殺本州同知奴脾而行，可見人心是脅從。[2]

完顏亮對造船工作非常重視，當年十月，乘打獵之便，親自赴通州潞河的造船工
地視察工程進展。據宋朝士人的記載，金國的造船工地距海280里而無水可通，
於是「起山東民夫開河、擔水、挽舟，自通州人定林口二百八十里，人人稱冤，
道路磋嘆。」[3] 由於工程量大，工期緊迫，因而造成「夫匠之死者甚眾」。[4] 宋
人周麟之有詩〈造海船行〉就記錄了這個事件：

> 造海船海旁，朴祈雷殷山。大船辟艦容萬料，小船飛鶴何翩翩。傳聞潞縣
> 燕京北，木梯翻空浪頭白。近年升作北通州，謂是背吭宜控扼。坐令斬木
> 千山童，民間十室八九空。老者駕車筆輸去，壯者腰斧從鳩工。自期鼓楫
> 淪溟隘，他時取道膠西磐。牆頭相風風北來，飛航信宿趨吳會。誰為此計
> 狂且愚，南北土性天淵殊。北人鞍馬是長技，南人濤瀚是坦途。果爾疑非
> 萬全策，驅民忍作魚龍食。任果轉海入江來，自有周郎當赤壁。[5]

可見，完顏亮這次大規模的造船工程，耗費了大量人力、物力，由於負責造船技
術的是宋降臣倪詢等三人，因而所造船艦都是仿照宋的「通州樣」。金國戰船造
成之後，山東東路海州所屬東海縣，恰好發生了反對海陵王完顏亮橫征暴斂的人
民起事，完顏亮也得到一次檢驗新造船隻的機會，正隆五年（1160）金軍起兵攻

---

[1] 脫脫等，《金史》，卷五〈海陵王本紀〉。
[2] 《三朝北盟會編》，卷二百三十引〈崔陟、孫淮夫、梁史上兩府札子〉。
[3] 《會編》，卷二百四十三〈煬王江上錄〉。
[4] 《建炎以來繫年要錄》，卷一百九十三〈紹興三十一年十月丙寅〉條。
[5] 《日下舊聞考》，卷一百八〈京畿〉引《海陵集》。

擊山東東海民兵：

> 三月，東海縣民張旺、徐元等反，遣都水監徐文、步軍指揮使張洪信、同
> 知大興尹事李惟忠、宿直將軍蕭阿完率舟師九百，浮海討之，命之曰：「朕
> 意不在一邑，將試舟師耳」。[1]

完顏亮最終靠著堅船利艦平定了這次人民起事，不過金朝的水軍在與宋水軍的采
石大戰仍難逃覆滅的命運。

正隆六年（1161）十月初，金國水軍都統制蘇保衡和副都統制完顏鄭家率領
女真、渤海軍二萬人、簽軍一萬人、水手四萬人，乘六百余戰船向由濱州蒲台人
海南下，[2] 這六百餘戰船佔了通州所造七百艘戰船的絕大多數。完顏亮命令他們
「十月十八日到海門山，人錢塘江，幹了大事，遣阿虎來江上迎報」。[3] 即達到
從海上突襲臨安的戰略意圖。十月下旬，金軍艦隊到達密州膠西（采石）海域時，
因為風大浪高而停泊於陳家島。[4] 而南宋浙西路馬步軍副總管李寶這時已經率領
水軍三千人，乘坐著一百二十艘宋水軍戰船，亦抵達了與陳家島僅隔三十餘里的
石臼島。於二十七日黎明之時，金軍水手發現了宋軍艦船，向完顏鄭家報告宋艦
乘風很快就會到達，但是完顏鄭家完全不了解海上風信情況，不相信宋軍艦隊會
迅速到達，於是鬆於防備。

而宋軍乘南風迅速抵近，由於金軍船隻的帆都是用油絹製成，因此宋軍借助
風勢，向金軍戰船發射大量火箭、火炮，金軍戰船燃燒殆盡。而金軍中的女真人
和渤海人雖然在陸地上能夠縱橫馳騁，但是在船上卻因風大暈船，只能「匈匈而
睡，不能動」。金軍中的簽軍多為漢人，不想同宋軍作戰，普遍反戈。因而金軍
大敗，數萬人死亡，數千人被俘。金軍副帥完顏鄭家「顧見左右舟中皆火發，度
不得脫，赴水死」。[5] 金軍統帥蘇保衡僅率數十隻艦船逃跑，這次海戰是世界上

---

[1] 《三朝北盟會編》，卷二百三十七。
[2] 同上註。
[3] 同上註。
[4] 同上註。
[5] 脫脫等，《金史》，卷六十五〈完顏鄭家傳〉。

首次使用火藥兵器的海戰，是中國海戰史上一次著名的以少勝多的戰例。采石海戰中，也徹底打亂了完顏亮的戰爭部署。

完顏亮的陸上南征大軍於十一月抵達長江北岸。十一月初八日，完顏亮「在壇上建黃繡真珠旗四面，亮擐滲金鐵甲坐旗下」，[1] 命令武平軍都總管完顏阿憐、武捷軍副總管完顏阿撒、宿直將軍溫都奧剌、國子司業馬欽、武庫直長完顏習失率軍登舟渡江。「海陵置黃旗、紅旗於岸上，以號令進止，紅旗立則進，黃旗仆則退。」[2] 金軍共有 17 隻小船從西采石楊林渡口渡江，其餘 20 餘隻小船因為渡口江沙淤積，未能駛出。虞允文急令宋軍出擊，「官軍以海鰍衝十七舟，舟分為二。官軍呼曰：『官軍勝矣。』遂皆並殺金人。金人舟底闊如廂，極不穩，且不諳江道，皆不能動手。其能施弓箭者，五七人而已。」[3] 金軍「兩舟先逼南岸，水淺不得進，與宋兵相對射者良久，兩舟中矢盡，遂為所獲，亡一猛安、軍士百餘人。」[4] 完顏亮企圖從采石渡江的計劃失敗了，最後亦導致其皇位被顛覆。

關於整個采石大戰與海陵王的顛覆，在《金史·李通傳》中載：

（正隆六年，1161）九月甲午，海陵戎服乘馬，具裝啟行。明日，妃嬪皆行，宮中慟哭久之。十月乙巳，陰晦失路，是夜二更始至蒙城。丁未，大軍渡淮，至中流，海陵拜而酹之。至宿次，見築繚垣者，殺四方館使張永鈴。將至廬州，見白兔，馳射不中。既而，後軍獲之以進，海陵大喜，以金帛賜之，顧謂李通曰：「昔武王伐紂，白魚躍於舟中，今朕獲此，亦吉兆也。」

癸亥，海陵至和州，百官表奉起居，海陵謂其使「汝等欲伺我動靜邪，自今勿復來，俟平江南始進賀表」。是時，梁山濼水涸，先造戰船不得進，乃命通更造戰船，督責苛急，將士七八日夜不得休息，壞城中民居以為材木，煮死人膏為油用之。遂築臺於江上，海陵被金甲登臺，殺黑馬以祭天，以一羊一豕投於江中。召都督昂、副都督蒲盧渾謂之曰：「舟楫已具，可以濟江矣。」蒲盧渾曰：「臣觀

---

[1] 《三朝北盟會編》，卷二百三十九引《金人敗盟記》。
[2] 脫脫等，《金史》，卷五〈海陵王本紀〉。
[3] 《三朝北盟會編》，卷二百三十八引《遺史》。
[4] 脫脫等，《金史》，卷一百二十九〈李通傳〉。

宋舟甚大，我舟小而行遲，恐不可濟。」海陵怒曰：「爾昔從梁王追趙構入海島，豈皆大舟邪，明日汝與昂先濟。」昂聞令己渡江，悲懼欲亡去。至暮，海陵使謂昂曰：「前言一時之怒耳，不須先渡江也。」明日，遣武平軍都總管阿憐、武捷軍副總管阿撒率舟師先濟。宿直將軍溫都奧剌、國子司業馬欽、武庫直長習失皆從戰。海陵置黃旗紅旗於岸上，以號令進止，紅旗立則進，黃旗仆則退。

既渡江，兩舟先逼南岸，水淺不得進，與宋兵相對射者良久，兩舟中矢盡，遂為所獲，亡一猛安、軍士百餘人，海陵遂還和州。於是尚書省使右司郎中吾補可、員外郎王全奏報：「世宗即位於東京，改元大定。」海陵前此已遣護衛謀良虎、特离補往東京，欲害世宗，行至遼水，遇世宗詔使撒八，執而殺之，遂還軍中。海陵拊髀嘆曰：「朕本欲平江南改元大定，此豈非天乎。」乃出素所書取一戎衣天下大定改元事，以示眾臣。遂召諸將帥謀北歸，且分兵渡江。

議定，通復入奏曰：「陛下親師深入異境，無功而還，若眾散於前，敵乘於後，非萬全計。若留兵渡江，車駕北還，諸將亦將解體。今燕北諸軍近遼陽者恐有異志，宜先發兵渡江，歛舟焚之，絕其歸望。然後陛下北還，南北皆指日而定矣。」海陵然之，明日遂趨揚州。過烏江縣，觀項羽祠，嘆曰：「如此英雄不得天下，誠可惜也。」海陵至揚州，使符寶耶律沒荅護神果軍扼淮渡，凡自軍中還至淮上，無都督府文字皆殺之。乃出內箭飾以金龍，題曰御箭，繫帛書其上，使人乘舟射之南岸，其書言「宋國遣人焚毀南京宮室、及沿邊買馬、招誘軍民，今興師問罪，義在弔伐，大軍所至，必無秋毫之犯。」以此招諭宋人。

於是，宋將王權亦縱所獲金軍士三人，齎書數海陵罪，通奏其書，即命焚之。海陵怒，亟欲渡江。驍騎高僧欲誘其黨以亡，事覺，命眾刃剉之。乃下令，軍士亡者殺其蒲里衍，蒲里衍亡者殺其謀克，謀克亡者殺其猛安，猛安亡者殺其總管，由是軍士益危懼。甲午，令軍中運鴉鶻船及糧船於瓜洲渡，期以明日渡江，敢後者死。乙未，完顏元宜等以兵犯御營，海陵遇弒。都督府以南伐之計皆通等贊成之，徒單永年乃其姻戚，郭安國眾所共惡，皆殺之。大定二年，詔削通官爵，人

心始快。[1] 采石之戰，金宋兩國動用眾多的兵力，以及各式各樣的攻守器械與兵器，宋軍李寶的采石海戰之勝利，使得南宋政府轉危為安，因此出現往後的宋金對峙的局面，除了改變歷史發展外，亦是世界海戰史中首次使用火兵器的記錄。

圖5-13　采石之戰

采石之戰（南宋紹興三十一年十一月，1161年）指中國古代宋金戰爭中的著名戰役，發生在采石磯（當塗北，今安徽馬鞍山市北），金朝希望由此地渡過長江進攻並滅亡宋朝，但最終沒有成功，而以宋朝的勝利而告終。戰爭背景：紹興三十一年（1161年），金海陵王完顏亮率領60萬大軍（號稱百萬）進攻南宋，橫越淮河，進迫長江。十月，金國東京留守曹國公完顏雍殺副留守高存福（存福女在海陵王后宮），即皇帝位，是為金世

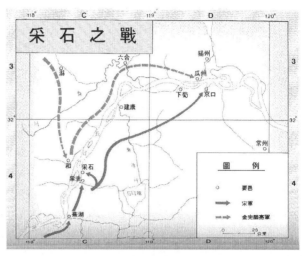

圖片來源：http://www.cskms.edu.hk/subject/chi_history/info_map.htm

宗。海陵王面臨內憂。十一月八日，中書舍人虞允文剛被委任為督視江淮軍馬府的參謀軍事，派往采石磯犒師，而海陵王大軍亦正圖謀由采石磯渡過長江。當時，原來負責督軍的主帥李顯忠還未趕到，虞允文並非武將，完全可以聽隨行人的建議逃走，但虞允文執意要抵抗，進至采石磯，遇到殘軍1.8萬人，士氣低落，零散坐于路旁，皆作逃遁之計。虞允文立即親自督師，鼓勵士氣，把散處沿江各處無所統轄的軍隊迅速統合起來，沿江布陣。交戰

圖片來源：

http://www.chiculture.net/0818/html/0818b02.html

時，因為宋軍掩匿山後，完顏亮軍開始以為采石磯無兵，等乘船快到了長江南岸時，才措手不及看見宋軍列陣相待，當地人民觀戰助威者十數里不絕。但已不能後退，只得前進。宋水軍多踏車海鰍船，大而靈活，而金水軍船隻底平面積小，極不穩便，宋船乘勢衝擊，金兵大敗。第二天，虞允文又派水軍主動進攻長江北岸的金軍渡口。金軍船隻出港，宋軍用強弩勁射，又使用船載霹靂炮（一種用火藥彈丸的投石機）轟擊，大敗金軍。完顏亮見渡江失敗，只得退回和州，接著進兵揚州。十一月下旬，在瓜洲渡（今江蘇省揚州市古運河下游與長江交匯處）會集水軍，準備渡江。完顏亮一度命令金軍3天內全部渡江南侵，否則處死，這就促使其內部矛盾激化，為部將完顏元宜所弒。十二月初，東路金軍退走，宋軍乘機收復兩淮地區。維基百科

---

[1] 脫脫等，《金史》，卷一百二十九〈李通傳〉。

第六章　遊牧民族的榮耀－元代軍事武備之研究

　　北方遊牧民族的掘起，通常爲因爲其善長於騎射，常挾著武力優勢，在軍事上對中國土地構成威脅；但他們逐水草而居的生活方式，則必須高度仰賴自然環境，因此經濟活動較爲不穩定，必須與南方農業社會進行交換，不免要受制於所謂的中原王朝，也就是「中國」。降及近世，「鑌鐵」民族契丹人在進入華北前，遊牧民族的榮耀蒙古人在消滅金國之後，都曾經利用漢人俘虜來事農業或是兵器鐵工業的發展，形成一種遊牧與農工業並存的經濟社會，故逐漸能夠和中原民族相抗衡，進而征服中國。比較特舒的是蒙古人，他們原本兼營農耕、蓄牧等遊牧生活，後吸收了遼、金、宋的科技與工藝，發展出更加強大的戰鬥力。學者魏復古與馮家昇在《中國遼代社會史》書中，將中國歷代王朝分成兩大範疇：一種是以漢族爲主體建立的政權，被稱之爲「典型的中國王朝」；另一種是由北方民族建立的政權，其中又包括了「滲透王朝」及「征服王朝」等兩主模式。

　　中國自古以來，中原農業民族與北方遊牧民族長期處於敵對的狀態，在歷史上亦不乏北方民族在中原建立政權的朝代。像是：和東晉南朝對峙的五胡十六國及北朝；兩宋時的遼、西夏、金、元等，他們都曾經統治部分或整個中國領土。「滲透王朝」在中古時期有分爲「匈奴」、「羯」、「羌」、「氐」、「鮮卑」等胡族，自塞外內徙，趁東漢末年以後天下大亂，相繼建立起各民族政權。「征服王朝」如近世興起的契丹、女真、党項、蒙古、滿洲等民族，則是居住在中國的邊境，憑藉著遊牧民族的驍勇武力，征服了中國一部分或全部，分別建立起遼、金、西夏、元、清等朝代。

（圖6-1）　蒙古摔角手

圖片來源：劉煒主編，《中華文明傳真·遼夏金元·草原帝國的榮耀》，頁11。

圖 6-2　元朝疆域圖

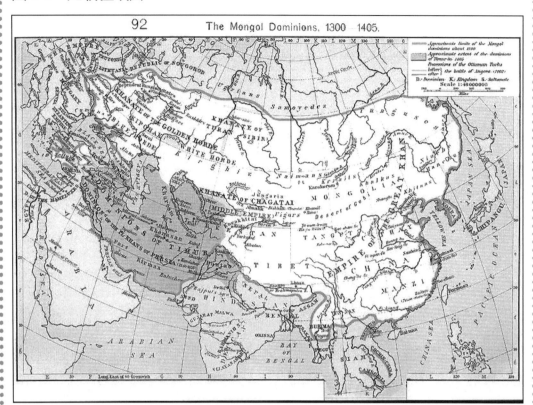

元朝（1271-1368），是中國歷史上的一個朝代，由蒙古族統治者忽必烈（即元世祖）於 1271 年所建，國號大元，1279 年滅南宋，定都於大都（今中國北京市）。1368 年朱元璋建立明朝，並於同年進行的北伐中推翻了元朝。北遷的元政府後退居漠北，與明軍對峙，史稱北元。維基百科

（圖 6-3）　阿拉善大戈壁沙漠

圖片來源：劉煒主編，《中華文明傳真‧遼夏金元‧草原帝國的榮耀》，頁 11。

圖6-4　鐵木真

成吉思汗（蒙古語：Činggis Qaγan；Чин
гис Хаан，1162年－1227年8月25
日），即元太祖，又稱成吉思可汗，蒙古族，蒙
古帝國奠基者、世界史上傑出的軍事統帥。名
鐵木真，姓孛兒只斤，乞顏（奇渥溫）氏族。
而按照蒙古起名傳統，鐵木真全名應為奇渥
溫·孛兒只斤·鐵木真。在鐵木真努力之下，他
的部族再次強盛起來。塔塔兒部首領蔑兀真笑
裏徒反抗金朝，金朝大將軍完顏襄約克烈部王
罕和鐵木真聯合出兵進攻塔塔兒，塔塔兒部大
敗，蔑兀真笑裏徒被殺。鐵木真遂被金朝封為
「劄兀忽裏」，即部落官。1201年，鐵木真聯合
王罕，擊敗劄木合部。並於次年全殲殘餘的塔
塔爾人。在1202年，王罕騙鐵木真前赴婚宴不
成，聯合劄木合夾擊鐵木真。這是鐵木真經歷的最為慘烈的一仗。爾後，鐵木真統一蒙古草
原的眾部族，在斡難河（今鄂嫩河）源頭召開大會，並得到了「成吉思汗」（蒙古語意為海
洋的大汗）的封號，這是蒙古帝國的開始。成吉思汗遂頒佈了《成吉思汗法典》，是世界上
第一套應用範圍最廣泛的成文法典，建立了一套以民主為基礎的共和政體制度。此後，蒙古
人開始擴張版圖，三次入侵西夏，逼使西夏向蒙古求和，然後進攻金國，在1211年的野狐
嶺會戰大破四十萬金軍，1214年金遷都汴京，蒙古軍在次年攻陷中都，金國在黃河以北之
地陸續失守。正當金國危在旦夕時，中亞的花剌子模與蒙古結怨，成吉思汗急於報仇，在
1219年親率蒙古主力西征，金得以苟安一時。成吉思汗在西征時，先後消滅了西遼、花剌
子模及許多國家，又派速不台率領蒙古軍向欽察草原擴張。1271年元朝建立後，忽必烈追
尊成吉思汗廟號為太祖，諡號法天啟運聖武皇帝。成吉思汗黃金家族中的眾多兒子裡，最為
著名的四位分別是術赤、察合台、窩闊台和拖雷。維基百科

圖6-5　忽必烈

忽必烈（蒙古語拼寫：Хубилай хаан，1215年－
1294年），名字全稱孛爾只斤忽必烈，蒙古族，拖雷的第二子。
中國元朝的創立皇帝，廟號世祖，漢文諡號聖德神功文武皇
帝、蒙古文諡號薛禪皇帝（Sečen Qaγan）。他還曾自立為第
五代的蒙古大汗，但並未獲得普遍承認。晚年飽受肥胖與痛
風病痛之苦，愛妻察必與皇太子真金先行離世，使他悲痛不
已。過度的飲酒，讓他的健康亮起紅燈，至元三十一年（1294）
於宮內與世長辭。維基百科

第一節　蒙古人的武備

　　金朝至十三世紀開始走入衰落。在十二世紀初之時，南宋與金國達成「紹興和議」而暫罷戰事，隔著淮水對峙，北方大草原上興起一支新興的遊牧民族，即是由偉大的成吉思汗所帶領的蒙古民族。蒙古原是蒙兀部落的名稱，唐代稱之爲「蒙兀室韋」，整個蒙古草原統一之後，「蒙古」才成爲通稱。此後，蒙古民族通過遼、金兩國吸收中原文化的影響，便開始大量地使用鐵器。1206 年，鐵木真統一蒙古草原，建立起蒙古國，被各部落尊稱爲「成吉思汗」（蒙古語：Чингис Хаан，海洋的大汗），在 1218 至 1258 年間，數次率領蒙古鐵騎遠征，先後攻滅了西遼、花刺子模、女真金等國，更攻陷了巴格達與大馬士革等城，使蒙古成爲一橫跨歐亞大陸之帝國。1236 年，蒙古開始對南宋作戰，忽必烈於 1271 年成爲蒙古汗王，[1] 改國號爲「元」。

　　元代是中國歷史上發展到近代之中，一個相當特殊又極爲重要的朝代，可以說是「中國第一次由少數民族所建立的全國範圍的統一政權」，且「是規模空前的統一的多民族國家」。[2] 無論其占有的版圖廣闊、強盛的軍事力量、經濟管理改革、對外開放規模、科學技術建樹等方面，都遠超「秦、漢」和媲美「唐、宋」。元代是中國歷史上多民族成長和發展的嶄新階段，它不但促使了民族融合的快速形成，並確定了中國疆域的最大規模，促進了中國南北雙方與周邊民族地區經

---

[1] 1251 年蒙哥即位後，下令攻打南宋。其弟忽必烈則負責總領漠南漢地事務，在此期間任用了大批漢族幕僚和儒士。蒙哥於 1259 年在進攻四川時去世後，身在中原漢地的忽必烈與留守蒙古本土的阿里不哥開始爭奪汗位。1260 年 3 月，阿里不哥在宗王阿速台等大多數蒙古正統派的支持下於大蒙古國首都哈拉和林通過「忽里勒台」大會即大汗位。與此同時，忽必烈與南宋議和後返回開平（今內蒙古多倫縣），在中原儒臣及部分蒙古宗王的支持下集會自稱大汗。4月，忽必烈設立中書省，總管國家政務。5 月，忽必烈頒布《即位詔》，並建元中統。由於忽必烈在中原漢地自行集會稱汗，並且推行漢法，明顯違背了蒙古傳統，引起了阿里不哥和蒙古正統派的強烈不滿。隨即忽必烈與阿里不哥隨即展開了四年的內戰，直到 1264 年阿里不哥兵敗投降，忽必烈取得了勝利。然而，忽必烈的自行即位與「行漢法」主張卻造成許多蒙古貴族的不滿，拒絕歸附他，結果導致四大汗國紛紛脫離（唯一承認忽必烈汗位的是位於波斯的伊兒汗國，但實際上也處於半獨立地位，在忽必烈去世後也完全獨立了），忽必烈的政權遂只包括中國大部與蒙古高原。原大蒙古國不復存在。維基百科

[2] 羅賢佑，《元代民族史・序言》（成都：四川民族出版社，1996）。

濟、文化、科技的長足發展，還開創了中、西經濟、文化、科技交流中的繁盛時期。這個巨大的社會歷史背景爲元代社會的經濟、文化、科技，尤其是蒙古民族兵器製造技術的發展，由於透過世界各國的兵工業水準，使得蒙古民族的兵器製造取得巨大的成就，在元代社會的兵器製造業中發揮著極爲重要的作用，也對元以後兵器製造業產生了巨大的影響。元朝兵器的製造主要有三方面：「回回砲」、「火銃」和「鑌鐵刀」。回回砲、火銃的製造技術，鑌鐵冶煉技術與鑌鐵武器、器物的製造技術達到了中國歷史的最高水準，也達到世界的最高水準。

鑌鐵的冶煉與鑌鐵武器、器物的製造，是元代蒙古民族兵器手工業的一項獨特的貢獻。元代統治階層十分重視鑌鐵的生產，至元十二年（1275）時，專門成立由諸色人管轄的「鑌鐵局」。[1] 他們生產製造的「鑌鐵環刀」、「鑌鐵寶刀」、「寶飾鑌鐵撾」、「小篦刀」等武器、器物，極受元代上層貴族的歡迎。

鑌鐵冶煉技術本源自中亞以及波斯等地，唐朝、五代時傳入中國，916 年後從「石韋、勃海…傳入契丹，經過（契丹、女真）各族人民的共同創造，生產出著名的鑌鐵」。[2] 由於鑌鐵堅硬、精美、鋒利，極受契丹人的推崇，因此「937 年，契丹帝從華俗，改國號曰遼，華言鑌鐵也」。[3] 根據張子高、楊根《鑌鐵考》，鑌鐵在歐洲稱爲「大馬士革鋼」，「所得的鋼材是一種半熔狀態的組織均勻的生、熟鐵集合體」，[4] 上面顯示自然的花紋是製作武器和器物的極佳之材料，元時鑌鐵冶煉技術與鑌鐵武器和器物更加受到內府、朝廷的重視。元朝直接從波斯、中亞引進各國匠師，管理並指導冶煉，還在工部下屬的諸色人匠總管府設立「鑌鐵局，秩從八品，大使一員，掌鏤鐵之工」，[5] 工部下屬又有提舉右八作司，秩正六品，「掌出納內府漆器、紅甕、硝石，並在都局院造作鑌鐵、銅、鋼、輸石」[6] 等物。在元朝官府鑌鐵手工業專門機構管理下，著名匠師阿尼羅在集前人經驗的

---

[1] 宋濂，《元史》，卷八十五〈工部志〉。
[2] 羅賢佑，《元代民族史·序言》（成都：四川民族出版社，1996）。
[3] 瑪承鈞（譯），《多桑蒙古史（上冊）》（上海：上海出版社，2001）。
[4] 張子高，楊根〈鑌鐵考〉，《科學史集刊（第 7 期）》。
[5] 宋濂，《元史》，卷八十五〈工部志〉。
[6] 程鉅夫，《雪樓集》，卷七〈梁國敏慧公神道碑〉。

基礎上，「又闕爲鑌鐵自運法輪，行幸揭以前導」[1] 後，元代鑌鐵生產的質量達到極高的水準，以鑌鐵製造的「鑌鐵環刀」、「鑌鐵寶刀」、「寶飾鑌鐵撾」、「小篦刀」更加精美高貴。根據葉子奇《草木子》卷三下《雜制篇》曾經記載著：「北人茶飯重開割，其所佩小篦刀，用鑌鐵、定鐵造之，價貴于金，實爲犀利。王公貴人皆佩之」。[2]

　　元朝的皇帝也把鑌鐵製造的兵器、器物作爲最佳禮物賜給大臣，以示高貴與器重。元文宗曾先後兩次給自己的心愛將領蒙古軍萬戶也速迭兒賜「鑌鐵環刀」、「寶飾鑌鐵撾」、「鑌鐵寶刀」。[3] 由此可知，鑌鐵冶煉技術的進一步提高，鑌鐵武器與器物製作的精良，鑌鐵武器與器物的社會、經濟價值的高貴，遠遠超過遼、金、宋等朝代，而鑌鐵製造管理機構的官方化、專門化、系統化則是遼、金、宋等國少有的。鑌鐵武器的製造，雖不及回回砲與火銃在軍事上的重要，但鑌鐵冶煉技術的高超及鑌鐵武器、器物製造的精美，均達到世界的領先水準，在中國鑌鐵冶煉與製造史上具有重要的地位。

（圖6-6）　　元世祖出獵圖（局部）

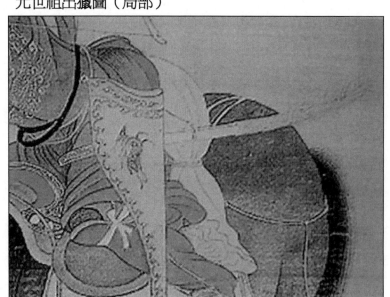

圖片來源：國立臺北故宮博物院藏。皇甫江，《中國刀劍》，頁80。

---

[1] 程鉅夫，《雪樓集》，卷七〈梁國敏慧公神道碑〉。
[2] 葉子奇，《草木子》，卷三〈雜制篇〉。
[3] 虞集，《道園學古錄》，卷二十四〈曹南王勳德碑〉。

（圖 6-7）　元代青花瓷罐（鬼谷下山圖）

圖片來源：皇甫江，《中國刀劍》，頁 **81**。

（圖 6-8）　蒙古貴族宴客圖（局部）

圖片來源：*Nicolle, "Kalka River 1223 —Genghiz Khan's Mongols invade Russia ."*

（圖 **6-9**）　蒙古佩刀騎士俑

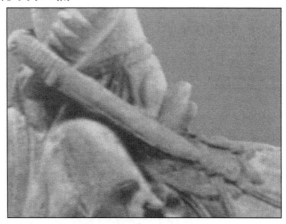

圖片來源：皇甫江，《中國刀劍》，頁 **81**。

（圖 **6-10**）　蒙古持大刀戰士像

圖片來源：*Tumbull, "Genghis Khan & the Mongol Conquests 1190-1400."*

（圖 6-11） 蒙古鎏金劍格

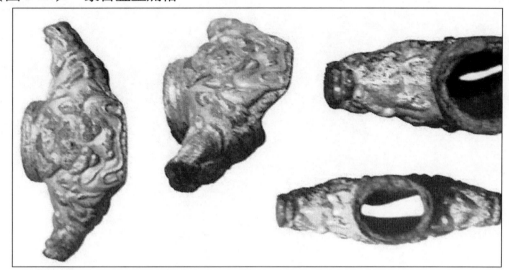

圖片來源：皇甫江，《中國刀劍》，頁 81。

（圖 6-12） 蒙古鐵騎作戰畫

圖片來源：*Tumbull, "Genghis Khan & the Mongol Conquests 1190-1400."*

（圖 6-13）　蒙古征服領域圖

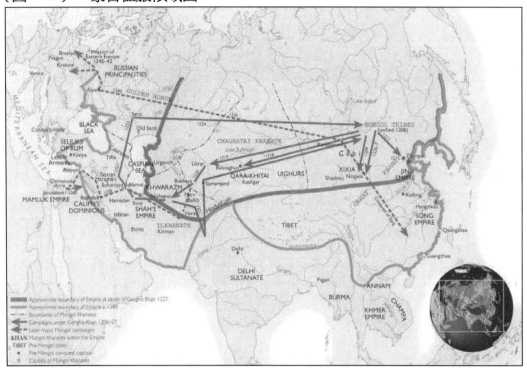

圖片來源：*Tumbull, "Genghis Khan & the Mongol Conquests 1190-1400."*

（圖 6-14）　蒙古戈壁沙漠

圖片來源：*Tumbull, "Genghis Khan & the Mongol Conquests 1190-1400."*

（圖 6-15） 蒙古鐵戰刀

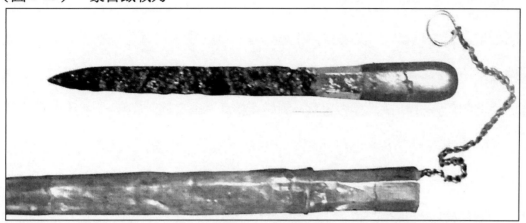

圖片來源：劉煒主編，《中華文明傳真・遼夏金元・草原帝國的榮耀》，頁 51。

第二節　兵工業與技術

　　草原民族中的榮耀－「蒙古帝國」的軍工業生產武備之體制，從早期的原始草原技術，可以說是從無到有，由簡單到完備，經歷了一個漫長的發展過程。徐霆曾說：「韃人始初草昧，百工之事，無一而有」，「後來滅回回，始有物產，始有工匠，始有器械。蓋回回百工技藝極精，攻城之具尤精。後滅金虜，百工之事於是大備」，從而「恃北方之馬力，就中國之技藝」，[1] 於是建立起蒙古帝國卓絕的武功，成爲草原民族中的榮耀。元朝滅南宋後，又繼承了其發達的軍事工業，集當時中、西兵器生產之大成，形成一強盛且龐大的軍工業生產體系。

　　若是從武備製造者的身份和生產管理方式來看，蒙古時期的軍工業生產武備之體制大致上經歷了兩個階段：即蒙古帝國初創時期和統一中原後元朝各項制度完善時期。在第一個時期之中，武備生產者均爲各國被俘工匠，被強迫遷往蒙古統治中心，集中居住，基本上無待遇可言，常常以軍事單位編制來加以管理。在後一時期裡，武備生產形成較爲規範的管理制度，生產者大多納入匠籍，身份待遇得到明顯改善，武備生產規格、品種、質量、數量都有了明確定額，局院分佈較爲廣泛，武備生產成爲國家官營手工業的公立製造部門。

---

[1] 徐霆，《黑韃事略》。

　　偉大的「成吉思汗」經略中夏時，曾經「總攬豪傑，貯儲戎具爲急」，部隊中已經集合了大量軍匠，從事兵器生產。這些軍匠多來自社會經濟較發達的被征服地區，如蒙古兵攻下汴京後，曾將金國汴京武備局工匠悉數擄掠北上，[1] 一些擅造兵器的巧匠往往挾其長技進用，例如：金國孫氏家族善造甲，「挾所業投獻」，上賞其能應時需，賜名「也可兀蘭」，錫佩金符，充諸路甲匠總管。[2] 俘虜中的兵器匠也受到重用，「太祖既定西夏，括諸色人匠，小丑以業弓進，賜名怯延兀蘭，命爲怯憐口行營弓匠百戶」。[3] 這些兵器製造者大多編附於各軍，故常稱爲軍匠，戰時作爲工兵，隨同出征。根據《元史‧張榮傳》的記載：「（戊寅年）領軍匠，從太祖征西域諸國。庚辰八月，至西域莫蘭河，不能涉。太祖召問濟河之策，榮請造舟。太祖複問：『舟卒難成，濟師當在何時？』榮請以一月爲期，乃督工匠，造船百艘，遂濟河」。[4] 又，《元史‧兵志》載：「又有以技名軍者，曰砲軍、弩軍、水手軍」，這些兵種中往往聚有大量軍匠，像是砲匠，「始太祖、太宗征討之際，於隨路取發，並攻破州縣，招收鐵木金火等人匠充砲手，管領出征」。這些砲匠在壬子年（1252）定立戶籍時，俱作爲砲手附於軍籍。[5]　其他如：弩軍、水手軍中亦有不少製造修理弓箭、戰船的軍匠。在戰爭頻繁之時，蒙古統治者還常「取匠爲軍，曰匠軍」，[6] 使軍匠的數量相當可觀。

　　蒙古帝國負責生產鐵製刀箭、馬上用品、披氈、布製品等軍需物資，稱爲「武備寺雜造局」。[7] 忽必烈滅南宋後，曾「籍人匠四十二萬，立局院七十餘所，每歲定造幣編弓矢甲冑等物」。[8] 其中造弓矢甲冑等兵器的局院，除了江南都作院外，還有江南諸路雜造局。雜造局每年按定額生產規定的武備，依例每季或每半年解送中央、行省或路總管府收貯。由《徽州府志》中記載徽州雜造局「歲用毛

1　袁楠，《清容居士集》，卷二十八〈永平路總管劉公墓志銘〉。
2　王揮，《秋澗集》，卷五十八〈大元故正議大夫浙西道宣慰使行工部尙書孫公神道碑銘〉。
3　宋濂，《元史》，卷一百三十四〈朵羅台傳〉。
4　宋濂，《元史》，卷一百五十一〈張榮傳〉。
5　宋濂，《元史》，卷九十八〈兵志〉。
6　宋濂，《元史》，卷九十八〈兵志〉。
7　宋濂，《元史》，卷九十〈百官志〉。
8　王揮，《秋澗集》，卷五十八〈大元故正議大夫浙西道宣慰使行工部尙書孫公神道碑銘〉。

鐵二千七百五十四斤，造武備手刀三百六十五把，槍頭一百七十五個，上下半年起解」。[1] 又，《溫州府志》則提到溫州府雜造局「專管本局人匠，排日營造武備，每季依例發解，違規有罰」[2] 而《延佑四明志》更詳細記載了寧波府雜造武備歲額內容：「總計武備二百七十五副，人甲一百五副紫真皮盔甲袋全，黑漆羅圈鐵甲八十八副，四色水牛皮甲一十七副，黑漆甲五副，朱紅甲四副，綠油甲四副，雄黃甲四副，手刀一百一十五口黑漆木鞘靶全，弓袋箭葫蘆雜帶，皂真皮弓袋五十五副，水牛皮箭葫蘆五十五個，皂真皮雜帶五十五條」。[3] 《至大金陵新志‧兵防志》載建康路：「凡軍之新舊名籍，船艦軍裝器備及武備局逐年成造器械，悉有額定…歲造黑漆鐵甲二百三十付真皮盔甲袋全，四色水牛皮甲二百二十付紫真皮盔甲袋全，羊肝漆明稍角弓五百五十五張，手箭一萬八千隻，箭葫蘆、弓袋、雜袋八十付，其起解積貯本路，具有文卷」。[4] 另外，元代各地方志乘亦多有記載武備製造的額度，例如：《至順鎮江志》也有類似記載。

　　蒙古帝國除了武備局院體制的官營工匠外，元代各路萬戶府也沿襲蒙古草原遊牧時的傳統，保留相當數量的軍匠生產修理兵器。元朝政府曾下令軍人所用兵器「各萬戶府選差軍匠置局成造」。軍匠中的砲匠最爲典型，「始太祖、太宗征討之際，于隨路取發，並攻破州縣，招收鐵木金火等人匠充砲手，管領出征」，可見製造修理機砲的砲匠包括鐵木金火等工種，在壬子年定立戶籍時，作爲砲手附於軍籍。[5] 爲充實武備而致力於製造回回砲，元朝還曾遣使征回回砲匠阿老瓦丁、亦思馬因等於伊利汗國，並括兩淮造回回砲新附軍匠六百，及蒙古、回回、漢人、新附人能造砲者，俱至京師，專門在燕京設立了回回砲手軍匠上萬戶府，負責製造回回砲。[6] 此後回回砲多由回回砲手軍匠上萬戶府的軍匠製造，如：致

---

[1] 《永樂大典》，卷 19781〈局字門〉。
[2] 《永樂大典》，卷 19781〈局字門〉。
[3] 《延佑四明志》，卷十二。
[4] 《至大金陵新志》，卷十〈兵防志〉。
[5] 宋濂，《元史》，卷九十八〈兵志〉。
[6] 宋濂，《元史》，卷二百三〈工藝‧阿老瓦丁傳〉、〈亦思馬因傳〉、卷九〈元世祖本紀〉及卷九十八〈兵志〉。

和元年八月，亦思馬因數亦不利金就曾奉命率所部軍匠造回回砲。[1] 除了元朝燕京的回回砲手軍匠上萬戶府，各路翼分也有軍匠砲手萬戶府之類的機構，如湖州砲手軍匠上萬戶府、鞏昌等處砲水手軍匠萬戶府等。[2]

蒙古帝國軍匠最集中的地方是元朝統治中心大都，侍衛親軍中有相當數量的軍匠編制。侍衛親軍中的武衛親軍都指揮使司領有一萬人，「掌修治城隍及京師內外工役之事」，[3] 宗仁衛中也有清州徹匠二千戶。[4] 至大三年四月丙子，「立管領軍匠千戶所，秩正五品，割左都威衛軍匠八百隸之，備興聖宮營繕」，「分局造作」。[5] 南宋滅亡後，元朝將都作院人匠收為軍匠，據《元典章》記載：

> 至元三十一年正月福建行省准，中書省咨，近准湖廣行省咨：造作局院軍匠，元系亡宋都作院人匠，見行成造常課生活及供給交趾武備有，管軍官依奉行院劄付，將入局人匠盡行拖領前去交趾出軍，止落後下老弱殘病久疾不堪造作人數，兼前項軍匠系人局造作籍定匠數，已有定到常課工程，即與常調軍人不同，若將上項人匠差撥充軍，誠恐失誤造作未便，請明白聞奏事。都省於至元三十年十一月十九日，奏過事內一件：江南地面裡，亡宋時分軍的名兒裡都作院管著來匠人每，收附江南之後，這的每根底並人軍去呵不宜麼道。伯顏垂相等官人另委付了管匠的頭目與物料，交造作來。至今各省裡有的似這般的匠人每根底，每年與物料交造武備諸般生活有，阿裡海牙的孩兒貫住哥兩淮那裡做招討使的時分，阿裡海牙使見識將鄂州有的匠人每並人他孩兒管著的軍裡去來，在後交趾國等處出征的時分，這匠人每曾交四百來人出征來。如今又依那體例裡，這的每裡須交出征者麼道。樞密院官人每行了文書有，這的每根腳裡是匠人有，阿裡海牙使見識交軍數目裡人去來，交這的每去呵，他每每年額定造作落後去了也

---

[1] 宋濂，《元史》，卷二百三〈工藝·阿老瓦丁傳〉、〈亦思馬因傳〉。
[2] 《湖州府志》，見《永樂大典》卷2281；《元史》，卷。明嘉靖，《徽郡志》，卷七。。
[3] 宋濂，《元史》，卷九十九〈兵志〉。
[4] 宋濂，《元史》，卷九十九〈兵志〉。
[5] 宋濂，《元史》，卷二十三《武宗紀》、卷九十九〈兵志〉。

麼道。湖廣南京省官人每說將有來，他每的言語是的一般有，奏呵。軍官

每根底說者，休教去者麼道，聖旨了也。欽此。[1]

可知南宋滅亡後，元朝各將領對所接收的都作院人匠有不同處置，雖然仍然生產

武備，但其身份有系官工匠和軍匠之別。元代的武備生產主要由系官工匠和軍匠

完成，較少征調民間工匠。中央武備局院集中在北方，許多局院生產較為專一，

像是：弓局、弦局、箭局、甲局、刀子局、砲手萬戶府之類，內部分工較細，專

業化程度很高。統一中原後，武備局院的分佈更為廣泛，技術兼具中西方之長，

在生產的數量和質量上都遠遠超過唐宋時期。[2]

（圖6-16）　元代弓、弓囊、箭箙復原圖

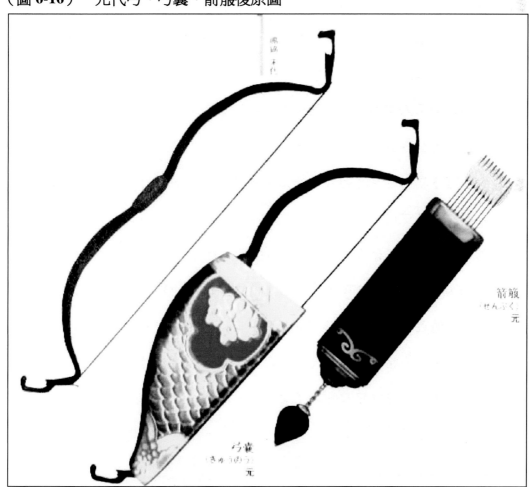

圖片來源：歷史群像，《戰略戰術兵器事典·中國中世·近代編》，頁10。

---

[1]《元典章》，卷三十四〈兵部·出征·造作軍人休教出征〉。

[2] 資料整理自胡小鵬，程利英，〈元代的軍器生產〉，《西北師大學報》第2期（2004），頁45-49。

（圖 6-17）　元代骨質鳴鏑

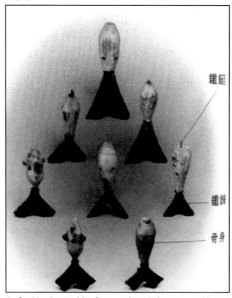

圖片來源：劉煒主編，《中華文明傳真‧遼夏金元‧草原帝國的榮耀》，頁 50。

（圖 6-18）　1232 年蒙宋大戰

圖片來源：*Stephen , "Siege Weapons of the Far East 960-1644." Osprey, 2002.*

（圖 **6-19**）　元軍裝備復原圖

圖片來源：*Peers , "Medieval Chinese Armies 1260-1520." Osprey, 2002.*

（圖 **6-20**）　元軍裝備復原圖

圖片來源：*Peers , "Imperial Chinese Armies - 590-1260AD." Osprey, 2002.*

（圖 6-21）　出土的元軍頭盔

圖片來源：杜文玉等編著，《圖說中國古代兵器與兵書》，頁 41。

（圖 6-22）　元軍鎧甲與銅鎚圖

圖片來源：劉煒主編，《中華文明傳真‧遼夏金元‧草原帝國的榮耀》，頁 51。

（圖 6-23） 元軍將軍武士像

圖片來源：劉永華，《中國古代軍戎服飾》。

（圖 **6-24**）　元軍武士俑

圖片來源：劉永華，《中國古代軍戎服飾》。

（圖 **6-25**）　元軍武士復原圖

圖片來源：劉永華，《中國古代軍戎服飾》，頁 **155**。元代鎧甲有柳葉甲、有鐵羅圈甲等。鐵羅圈
　　　　　甲內層用牛皮製成，外層為鐵網甲，甲片相連如魚鱗，箭不能穿透，製作極為精巧。
　　　　　另外還有皮甲、布面甲等。戎服只有一種本民族的服飾，即質孫服，樣式為緊身窄袖
　　　　　的袍服，有交領和方領、長和短兩種，長的至膝下，短的僅及膝。還有一種辮線襖與
　　　　　質孫服完全相同，只是下擺寬大、折有密襇，另在腰部縫以辮線製成的寬闊圍腰，有
　　　　　的還釘有鈕扣，俗稱「辮線襖子」，或稱「腰線襖子」。這種服裝也是元代的蒙古戎服，
　　　　　軍隊的將校和宮廷的侍衛、武士都可服用。

（圖 6-26）　蒙古輕裝（左）及重裝武士復原圖

圖片來源：歷史群像，《戰略戰術兵器事典・中國中世・近代編》，頁 25。

（圖 6-27）　蒙古黃金家族與四大汗國疆域圖

呼倫皇后　也速該皇后　成吉思汗　孛兒皇后　朮赤　察合台　窩闊台　拖雷

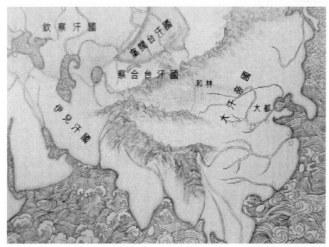

圖片來源：劉煒主編，《中華文明傳真・遼夏金元・草原帝國的榮耀》。

（圖 6-28）　　蒙古武士裝備與髮型復原圖

圖片來源：*Tumbull, "Mongol Warrior 1200-1350." Osprey, 2003.*

第三節　蒙古人的火兵器

　　西元十三世紀時，阿拉伯人在世界上的科學技術水準已經相當地高，蒙古西征後，許多阿拉伯、波斯的工匠科技人員來到中國。元至元七年（1272），忽必烈南侵南宋時，又特徵調伊利汗國木發裡（今伊拉克）人阿瓦老丁，別馬裡思丹人亦思馬因爲首的製砲能手，製造回回砲。亦思馬因製造的回回砲，又稱「襄陽

砲」，重達一百五十斤，[1] 在攻襄陽、破潭洲、圍靜洲等大型戰役中發揮了極為重要的作用，為平定南宋作出了巨大的貢獻。如此的成果，讓元朝在至元九年（1274）設置「回回砲手總管府」，以亦思馬因為總管。至元十八年（1281）置「回回砲手都元帥府」，以亦思馬因長子布伯為都元帥。至元二十二年（1285）改元帥府為「回回砲手軍匠上萬戶府」，以布伯為萬戶，阿瓦老丁為副萬戶。後布伯升任刑部尚書，其弟亦不剌金繼承萬戶，亦不剌金子亞古又襲為萬戶。阿瓦老丁子富謀只、孫馬哈馬沙襲為副萬戶。[2]

元朝亦思馬因、阿瓦老丁所造的回回砲，其原理與元代以前的拋石機相同，這是中國古代原有的拋石機技術傳入西域後改進的新式拋石機。主要是用杠杆原理將火藥包或石頭拋射出去，但射程威力更大，屬於重型拋石機，達到了當時世界的先進水準。而成吉思汗西征之後，以投石機裝備的砲手軍，發揮了巨大的作用，直到忽必烈時，回回砲匠阿瓦老丁與亦思馬因製造的巨砲已重達一百五十斤，以下的史料為元朝火砲發射後的情形：「機發，聲震天地，所擊無不摧陷，入地七尺，用力省而所擊甚遠」，[3] 又「其回回砲甚猛於常砲，用之打入城，寺觀樓閣盡為之碎」。[4]「砲以擊之（舟），舟悉沉沒」，[5]「金身夷砲入城，燒屋舍，煙焰燎天，城遂破」。[6] 至元十七年（1280）揚州發生了「砲禍事件」，更能說明元代火砲的威力：「諸砲並發，大聲如山崩海嘯，傾城驚駭，以為急兵至矣，倉皇莫知所為。遠至百裏外，屋瓦皆震。號火四舉，諸軍皆戒嚴，紛擾凡一晝夜。事定按視，則守兵百人皆糜碎無餘，楹棟悉寸裂，或為砲風扇至十餘裏外。平地皆成坑穀，至深丈餘。四比居民二百餘家，悉攉奇禍。」[7] 此例子也說明了元砲的威力巨大。到元朝至順年間時，回回砲外型的製造更為精緻美觀，材質以銅質

---

[1] 宋濂，《元史》，卷二百三〈工藝‧阿老瓦丁傳〉、〈亦思馬因傳〉。
[2] 邱樹森，《中國回族史（上冊）》（銀川：寧夏人民出版社），頁302-303。
[3] 周良宵、顧菊萊，《元代史》，頁505。
[4]《心史》，〈中興集〉。
[5] 宋濂，《元史》，卷二百三〈工藝‧阿老瓦丁傳〉、〈亦思馬因傳〉。
[6]《元文類‧經世大典序錄》，卷四十一〈平宋〉。
[7] 周密，《癸辛雜識》，〈砲禍‧前集〉。

製造，叫「銅將軍」，亦稱爲「龍井砲」。現存於中國歷史博物館的元至順三年（1332）鑄造的銅砲，長 35.5 公分，口徑 10.5 公分，重達 6.94 公斤。由此可見，元代的回回火砲，在名匠亦思馬因、阿瓦老丁的領導管理下，使中亞、西亞與中國的鑄砲技術融合並生產出完善的火砲，達到當時世界上的最高水準。

元朝火銃是一種中國新型的火砲，是元朝滅南宋以後在回回砲的基礎上研製成功的，它是中亞、西亞造砲技術與中國造砲技術結合的結果，也是阿拉伯伊斯蘭文化與中國文化結合的產物。在回、漢、蒙造砲技術人才的共同努力下，研製出了中國兵器史上的第一個金屬管形射擊火器—「火銃」。火銃是在吸收回回砲以及宋代突火槍技術基礎上研製而成的，其原理是利用火藥在金屬管內爆炸產生的氣體膨脹壓力，把彈丸發射出去，和現今槍砲的原理是一致的。但火銃比回回砲更爲先進，殺傷力更大，比宋代的突火槍射程更遠，火力更猛，承受的壓力更大。比阿拉伯的「馬達發」，中國金軍的「飛火槍」，宋代的「突火槍」[1] 的綜合功能大了幾十倍。這是因爲「飛火槍用紙筒，突火槍用竹筒，馬達發用木筒做槍筒」，[2] 而元代火銃則是用金屬管做槍筒。宋朝突火槍是將放進槍筒裏的火藥點燃後噴射出去，而火銳則是把火藥做成彈丸，利用氣壓將其射向遠方。現藏於中國革命歷史博物館的元順帝至正十一年（1351）鑄造的銅火銃，長 43.5 公分，口徑 3 公分，重 4.75 公斤，不但鑄造技術極高，也非常精美，這在當時世界兵器史上是獨一無二的，是極爲先進的。

元代火銃的生產規模大、種類多、質量高，在當時世界兵器史上也是罕見的。從出土的元代火銃來看，其形制多爲手提式、遠程式、近距離重砲式的銃，功能作用不同，使用的彈丸相異，製作工藝精細，冶鑄技術高超，表示元代火兵器的冶煉鑄造技術、實戰的功能以及火藥的製造均達到了世界水準，在中國火兵器製造史上具有極爲重要的歷史地位，對往後的火兵器製造具有重要的影響。[3]

---

[1]　西元 1132 年，中國宋將陳規守於德安時，首次使用「突火槍」作戰。
[2]　王兆春，《中國火器史》，頁 42。
[3]　資料整理自楊滿忠，〈元代回族兵器製造述略〉，《固原師專學報》第 1 期（2004），頁 15-17。

（圖 6-29） 蒙古至正三年銅火砲與銘文

圖片來源：劉煒主編，《中華文明傳真・遼夏金元・草原帝國的榮耀》，頁 55。
杜文玉等編著，《圖說中國古代兵器與兵書》，頁 172。

（圖 6-30） 元代丙申年銅手銃

圖片來源：杜文玉等編著，《圖說中國古代兵器與兵書》，頁 173。

（圖 6-31） 元至正手銃與構造圖

圖片來源：杜文玉等編著，《圖說中國古代兵器與兵書》，頁 173。歷史群像，《戰
略戰術兵器事典・中國中世・近代編》，頁 13。

（圖 6-32） 元至順三年銅碗口銃復原圖

圖片來源：歷史群像，《戰略戰術兵器事典・中國中世・近代編》，頁 12。

（圖 **6-33**）　元代陶蒺藜

圖片來源：杜文玉等編著，《圖說中國古代兵器與兵書》，頁 192。

第四節　蒙古鐵騎的突擊

　　蒙古汗國和元代軍戎服飾以精巧著名。蒙古高原氈帳諸部未被成吉思汗統一之前曾用過鮫魚皮甲冑、翎根甲，後來則用以牛皮爲裏的銅鐵盔甲。在彼德堡宮中藏有蒙古騎士遺存的甲冑，內層皆以牛皮爲之，外層則滿掛鐵甲，甲片相連如魚鱗，箭不能穿。在描自元代居庸關瀛臺上的浮雕中就有羅圈甲、魚鱗甲和柳葉甲。《黑韃事略》：「其軍器，有柳葉甲、有羅圈甲（革六重），有頑羊角弓，有響箭，有駝骨箭。」關於蒙古騎兵的精良的軍器裝備，在有關歷史文獻中以及有關元代出土文物均有明確記載。據普蘭諾‧加賓尼記述，蒙古騎兵裝備有：2 至 3 張弓、3 個裝滿了箭的巨大箭袋、一把斧，還要帶拖兵器的繩子。領兵者要挎一種其尖端尖銳但只有一面有刃的彎刀，將其裝在精美的刀鞘裏。他們所騎的馬均有護身甲，有些兵士的馬也有護身甲。馬匹的護身甲由 5 個部分組成，在馬的兩側 各有一片甲，一直蓋到馬頭；另一片甲放在馬的臀部，和兩側的甲片系結起來，這片甲片上留一個洞，以便馬尾從洞裏伸出來；另一片甲在馬的胸部。在馬額上他們放一塊鐵板，把它系結在兩側的甲片上。

　　蒙古騎兵的胸甲是由 4 個部分組成，一片是從大腿到頸，根據人體的形狀來製作；另一片從頸到腰部，同前部的甲片連接起來，每一邊肩上固定一塊鐵板。他們每一條手臂上也有一片甲，從肩覆蓋到手腕，在每一條腿上面覆蓋著另一片甲。所有這幾片甲都用扣環連接在一起。　頭盔的上部分是用鐵或鋼製成，但保

護頸部咽喉的部分是用皮革製成。根據普蘭諾·加賓尼介紹，蒙古騎兵的甲冑，制法極爲精巧，就拿柳葉甲爲例，他們先製成寬一指長一掌的若干鐵片，在每一個鐵片上鑽 8 個小洞。他們放置 3 根堅固而狹窄的皮帶作爲基礎，然後把這些鐵片一一放在另一塊鐵片上面，因此這些鐵片就重疊起來，他們用細皮線穿過上述小洞，把這些鐵片捆在 3 根皮帶上。在上端他們再系上一根皮線，因此這些鐵片就很牢固地連接在一起。就這樣，他們用這些鐵片製成一根鐵片帶，然後把這些鐵片帶連接在一起，製成鐵甲的各個部分。他們把這些部分連接起來，製成保護人身和馬匹的鐵甲。他們將鐵片打磨得十分光亮，以至能夠在鐵片上 映出人影。據《中國古代服飾史》記述，元代有一種翎根鎧，用蹄筋，翎根相綴而膠連的甲片，射之不能穿。還有象蹄掌甲。蒙古騎兵多爲帶盔。另有一種冑作帽形而無遮眉，但在鼻部作一個極大的護鼻器，其狀頗怪。蒙古民族的軍隊之所以能稱霸於歐、亞二洲者，實全恃其精良的騎兵。[1]

（圖 6-34）　　裝扮成古代蒙古騎兵照

圖片說明：**2006 年 7 月 9 日，蒙古首都烏蘭巴托以南，打扮成成吉思汗騎兵模樣的蒙古軍人，參加成吉思汗創立蒙古帝國 800 周年紀念活動。**

---

[1] 資料整理自 **http://www.tian5.net/gif2/webgif/gavely.htm**。**世界騎兵圖庫。**

圖片說明：**2005** 年 **11** 月，聯合國大會無異議通過決議案，決定在 **2006** 年紀念
　　　　成吉思汗創立蒙古帝國 **800** 周年。**1206** 年，成吉思汗在斡難河召開
　　　　忽裏台大會成爲大汗。今年，蒙古政府將陸續舉行盛大的紀念活動，
　　　　其意並不僅在於紀念成吉思汗的豐功偉績和蒙古帝國的輝煌歷史，更
　　　　重要的是爲蒙古做宣傳。

以上圖片來源：http://news.tom.com/2006-07-10/0023/05797530.html

（圖 **6-35**） 蒙古騎兵復原圖

圖片來源：歷史群像，《戰略戰術兵器事典・中國中世・近代編》，頁 **24**。

（圖 **6-36**） 果下馬、西域中亞馬、蒙古馬復原圖

圖片來源：劉煒主編，《中華文明傳真・遼夏金元・草原帝國的榮耀》，頁 **48-49**。

（表6-1）　蒙古騎兵裝備表

正丁自備的作戰和生活用具	
馬具	馬轡、馬甲、繫馬繩200尺
作戰用具	鐵甲9件、弓4張、箭400支、長短槍、骨朵、斧鉞、小旗
生活用具	錘錐、打火石、馬盂（即皮囊壺）、貯藏食品的砂袋、搭毛傘等

資料來源：劉煒主編，《中華文明傳真‧遼夏金元‧草原帝國的榮耀》，頁**47**。

（圖6-37）　蒙古陶馬俑

圖片來源：歷史群像，《戰略戰術兵器事典‧中國中世‧近代編》，頁**48**。

（圖6-38）　彩繪陶騎兵俑

圖片來源：歷史群像，《戰略戰術兵器事典‧中國中世‧近代編》，頁**46**。

（圖 **6-39**） 蒙古騎兵裝備圖

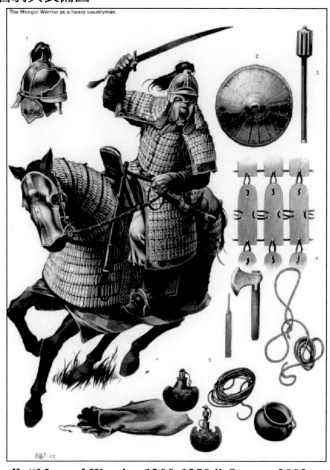

圖片來源：*Tumbull, "Mongol Warrior 1200-1350." Osprey, 2003.*

（圖 **6-40**） 蒙古騎兵系列圖

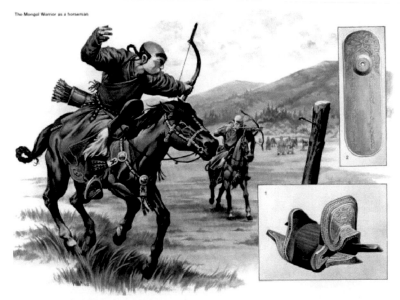

圖片來源：*Tumbull, "Mongol Warrior 1200-1350." Osprey, 2003.*

（圖 **6-41**） 蒙古騎兵與宋朝騎兵作戰圖

圖片來源：*Peers , "Medieval Chinese Armies 1260-1520." Osprey, 2002.*

（圖 6-42）　蒙古騎兵入侵俄國（喀爾喀河戰役，**Kalka River**）系列圖

圖片來源：*Nicolle, "Kalka River 1223 —Genghiz Khan's Mongols invade Russia ."*

（圖 6-43） 蒙古騎兵作戰系列圖

Mongol light cavalryman, Russia, c.1223

Mongol camp, c 1210—60

圖片來源：*Tumbull, "The Mongol." Osprey, 2002.*

（圖 **6-44**）　蒙古帝國人物像

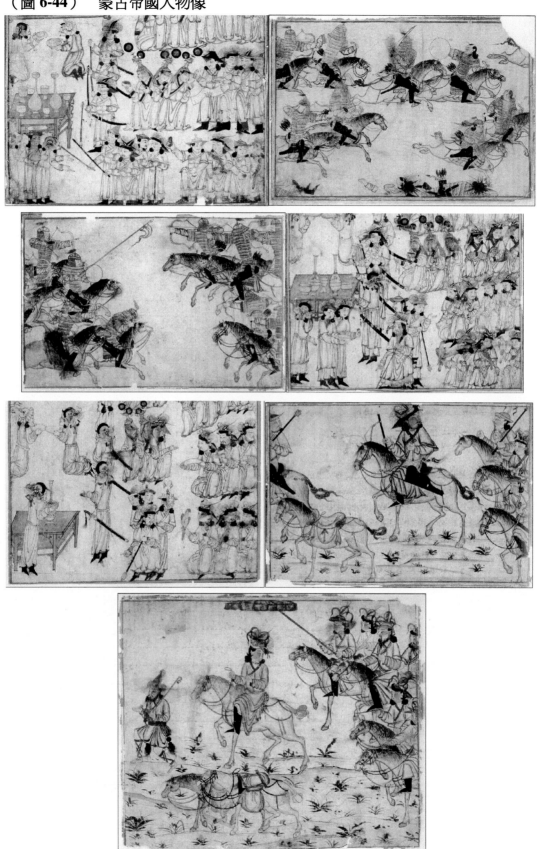

圖片來源：刀劍天下論壇 ，http://www.hfsword.com/。

（圖6-45） 成吉思汗的御用馬鞍

圖片來源：杜文玉等編著，《圖說中國古代兵器與兵書》，頁142。

（圖6-46） 元代出土的鐵馬鐙

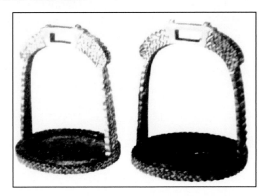

圖片來源：杜文玉等編著，《圖說中國古代兵器與兵書》，頁139。

（圖6-47） 蒙古入侵他國圖像

圖片來源：杜文玉等編著，《圖說中國古代兵器與兵書》，頁145、160。

（圖 **6-48**）　蒙古襲來捲軸系列圖一

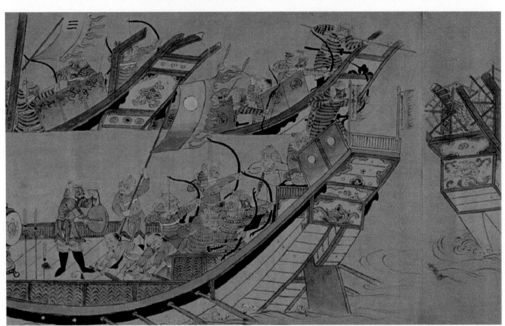

圖片說明：忽必烈進攻其它國家和地區，其中以入侵日本的戰事最有名，也最慘
　　　　　烈。至元十一年（**1274**）元朝發動第一次侵日戰爭，日本史書稱之爲
　　　　　「文永之役」，以三萬二千餘人，東征日本。至元十八年（**1281**）七
　　　　　月，忽必烈又發動第二次侵日戰爭，史稱「弘安之役」，由範文虎、
　　　　　李庭率江南軍十餘萬人，到達次能、志賀二島，卻碰到颱風，溺死近
　　　　　半。元軍兩次進攻均以失敗告終，一般認爲颱風（日本人稱這兩次大
　　　　　風爲「神風」）是造成失敗的最大原因，不過後世也有認爲是元朝的
　　　　　行軍習慣不相適應所致。文：維基百科。圖：宮內廳三之丸尙藏館藏。

（圖 6-49）　蒙古襲來捲軸系列圖二

圖片來源：東京千代田區宮內廳三之丸尙藏館藏。

（圖 6-50）　蒙古襲來捲軸系列圖三

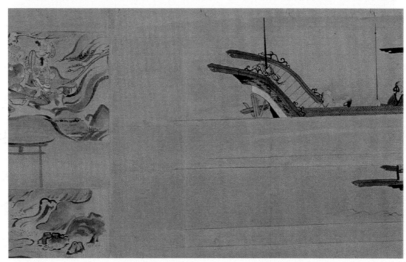

圖片來源：蒙古襲來繪詞二卷，縱約四十公分，前卷橫約廿三公尺，後卷橫約二
　　　　　十公尺。蒙古襲來繪詞二卷，縱約四十公分，前卷橫約廿三公尺，
　　　　　後卷橫約二十公尺。據考證，前卷約成於文永之役後至弘安之役前的
　　　　　數年間，而後卷則繪於一二九三年，即弘安之役後十二年；畫師當不
　　　　　祇一人，但皆出身九州；繪詞原有一套兩份各二卷，分藏甲佐神社和
　　　　　竹崎季長家，後因兩份皆殘破，修補時惟有將兩份四卷互補其缺，拼
　　　　　貼成完整的一套兩卷，輾轉流傳，明治廿三年（1890）由大矢野家上
　　　　　獻皇室，現藏東京千代田區宮內廳三之丸尚藏館。據考證，前卷約成
　　　　　于文永之役後至弘安之役前的數年間，而後卷則繪於一二九三年，即
　　　　　弘安之役後十二年；畫師當不只一人，但皆出身九州；繪詞原有一套
　　　　　兩份各二卷，分藏甲佐神社和竹崎季長家，後因兩份皆殘破，修補時
　　　　　惟有將兩份四卷互補其缺，拼貼成完整的一套兩卷，輾轉流傳，明治
　　　　　廿三年由大矢野家奉上獻予日本皇室，現藏於東京千代田區宮內廳三
　　　　　之丸尚藏館。

第七章 結 語

自從五十萬年以前，遠古人類已知用火的開始，隨著時間的演進，冶煉鑄造的技術逐漸日新月異。中國自古以農立國，經濟的發展主要呈現在農業之上，其中「鐵器」可以說是古代生產力發展的重要標誌。根據考古的發現，春秋時期在今湖南地區已經有鐵器的出土，當時的鐵器用途十分地廣泛，是大多數農民不可缺少的工具，所以專門生產鐵器的「打鐵業」，於是開始蓬勃發展，這一系列的發展過程，演化成一部中國的科技文明史。

本文是以宋、遼、夏、金、元時期的兵器發展為研究目標，時間是界定從趙匡胤陳橋兵變開始到元末朱元璋將蒙古人驅逐回北方為止，總計約四百年左右。宋、遼、夏、金、元時期是中國歷史上幾個政權並存的朝代，並經過無數戰爭終走向統一的歷史時期。在此競爭激烈的背景之下，造就了無數的軍事科技與英雄事蹟。論文除第一章緒論與第七章結語外，共分為五章。第二章是研究兩宋時期兵器種類跟形制。北宋是我國古代軍工手工業發展的重要時期，無論其作坊規模、造作技術和兵器產量等，都超過中國以往的歷朝歷代，在兵器生產管理方面所制訂的一系列制度和措施，對於提高中國整個兵器生產管理水準，保存兵器造作的質與量是有其積極意義性，此亦為兩宋的武備制度之特色。第三章是探討兩宋軍工業的發展。水戰在宋代成為十分重要的作戰手段，水軍對於維持汴梁或是臨安以南的江山，起了一種相當舉足輕重的效果。宋代戰船的建造速度快，不論是內河或是沿海的戰艦，其技術皆不斷的進步，加上火藥的配方得到改進，製造出更多又威力強大的火兵器，配合上指南針，改變了往後的傳統水戰的面貌。第四章是論述遼與西夏的兵器與軍事力量。遼「以用武立國」，此語即點明軍隊在契丹族建立遼國及鞏固政權中的重要地位。有遼一代，契丹族統治者重視軍隊建設，故而，遼朝軍隊的軍、兵種劃分比較細致，種類亦比較齊全。西夏國主為維

護統治與開拓疆域,因此建立了一支強大的軍隊。以騎兵為主馳騁平原,稱為「鐵鷂子」;其次是步兵的發展,逐險山谷,稱為「步跋子」。夏人從宋軍學習來火炮的製造、火蒺藜的技術,加上原本就擁有的拋射石彈技術,組成「旋風砲兵」。形成一支特殊的民族風格部隊。第五章為討論兵器的製造與保管。當時各種手工業的製造和管理機構,大致承襲秦漢舊制,但因戰爭與屯田的需求,官府首推冶鐵業,在生產規模、設備與工藝技術,都比前代有更大的發展。第六章為講述金代女真民族的武備。金王朝建立後,在專一集權的體制下,再加上對外作戰中不斷改善武器裝備,創造新型兵器,特別是火器的製造和裝備,對於鞏固和提高金軍的戰鬥力起重大的效用。從眾多出土的兵器文物之中,即可看出金朝統治者不斷加強軍事力量的努力。第七章為研究草原民族的榮耀-蒙古民族的軍事特色。蒙古騎兵剛開始興起之時一般都是以輕裝騎兵為主,重騎兵很少,但隨著成吉思汗的雄心壯志及征戰範圍的擴大,更有對手軍隊先進武器的衝擊之下,於是開始逐漸重視騎兵的保護,隨著騎兵戰術的變革,重裝騎兵開始出現在蒙古騎兵編制中。此後,重騎兵所占的比例達到了很高的程度,最終成為蒙古騎兵的一支主力。蒙古統一中原後,因胡漢文化彼此融合,呈現出多元的軍事特色,而北方遊牧民族的尚武風氣,亦延續到日後整個中國歷史中,並且發揚光大。

在浩瀚的歷史文字中多的是王室的家譜和其政權的興替,而真正占有絕大多數的歷史活動之民間百態卻鮮少記載,其中與人們生活息息相關的鋼鐵工具業,便一直是建立文字歷史的學者們所輕率忽略,人類自進入鐵器生活以來,無論是聚落的形成或鄉村都市的發展,幾乎都與鐵器工具的利用進程密不可分,因此,鋼鐵工具生產與打鐵舖設置之重要性,當然就不可言喻了,由人類物質的文明之發展過程中,我們很容易發現,每一時代軍事科技的成就,幾乎就是當代尖端科技的代表,亦即兵器製作的能力,正是當代科技文明的櫥窗,今天亦然,因此,若欲探究歷朝歷代真正之文明程度,社會價值以及文化特質,若能從其兵器製作之技藝及其形制裝置著手,將是一條捷徑。

附錄一　世界兵種的介紹

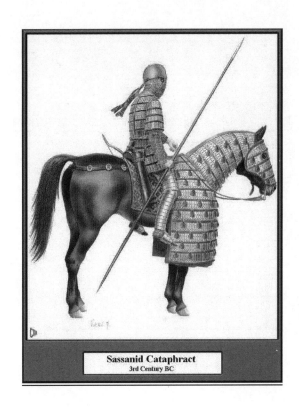

波斯薩珊騎兵，西元前 **3** 世紀

加洛林重騎
加洛林重騎，裝備都是自己找，**8** 世紀歐洲重騎的代表。

拜占庭重騎兵

11 世紀的拜占庭重騎兵。

阿拉伯的輕騎兵

諾曼騎士

裝備上的主要進步是用面積很大的駕形盾代替了小圓盾。

諾曼騎兵，西元 11 世紀

Norman Knight
11th Century

16 世紀的典型全身甲

Knight in Maximillian Armour
Early 16th Century

塞爾柱突厥輕騎兵

十字軍騎士

法蘭西騎士

義大利雇傭兵

蒙古騎兵：

　　蒙古汗國和元代軍戎服飾以精巧著名。蒙古高原氈帳諸部未被成吉思汗統一之前曾用過鮫魚皮甲冑、翎根甲，後來則用以牛皮爲裏的銅鐵盔甲。在彼德堡宮中藏有蒙古騎士遺存的甲冑，內層皆以牛皮爲之，外層則滿掛鐵甲，甲片相連如魚鱗，箭不能穿。在描自元代居庸關瀛臺上的浮雕中就有羅圈甲、魚鱗甲和柳葉甲。《黑韃事略》：「其軍器，有柳葉甲、有羅圈甲（革六重），有頑羊角弓，有響箭，有駝骨箭。」關於蒙古騎兵的精良的軍器裝備，在有關歷史文獻中以及有關元代出土文物均有明確記載。據普蘭諾‧加賓尼記述，蒙古騎兵裝備有：2 至 3張弓、3 個裝滿了箭的巨大箭袋、一把斧，還要帶拖兵器的繩子。領兵者要挎一種其尖端尖銳但只有一面有刃的彎刀，將其裝在精美的刀鞘裏。他們所騎的馬均有護身甲，有些兵士的馬也有護身甲。馬匹的護身甲由 5 個部分組成，在馬的兩側 各有一片甲，一直蓋到馬頭；另一片甲放在馬的臀部，和兩側的甲片系結起來，這片甲片上留一個洞，以便馬尾從洞裏伸出來；另一片甲在馬的胸部。在馬額上他們放一塊鐵板，把它系結在兩側的甲片上。

　　蒙古騎兵的胸甲是由 4 個部分組成，一片是從大腿到頸，根據人體的形狀來製作；另一片從頸到腰部，同前部的甲片連接起來，每一邊肩上固定一塊鐵板。他們每一條手臂上也有一片甲，從肩覆蓋到手腕，在每一條腿上面覆蓋著另一片甲。所有這幾片甲都用扣環連接在一起。 頭盔的上部分是用鐵或鋼製成，但保護頸部咽喉的部分是用皮革製成。根據普蘭諾‧加賓尼介紹，蒙古騎兵的甲冑，制法極爲精巧，就拿柳葉甲爲例，他們先製成寬一指長一掌的若干鐵片，在每一個鐵片上鑽 8 個小洞。他們放置 3 根堅固而狹窄的皮帶作爲基礎，然後把這些鐵片一一放在另一塊鐵片上面，因此這些鐵片就重疊起來，他們用細皮線穿過上述小洞，把這些鐵片捆在 3 根皮帶上。在上端他們再系上一根皮線，因此這些鐵片就很牢固地連接在一起。就這樣，他們用這些鐵片製成一根鐵片帶，然後把這些鐵片帶連接在一起，製成鐵甲的各個部分。他們把這些部分連接起來，製成保護人身和馬匹的鐵甲。他們將鐵片打磨得十分光亮，以至能夠在鐵片上 映出人影。

　　據《中國古代服飾史》記述，元代有一種翎根鎧，用蹄筋，翎根相綴而膠連的甲片，射之不能穿。還有象蹄掌甲。蒙古騎兵多爲帶盔。另有一種冑作帽形而無遮眉，但在鼻部作一個極大的護鼻器，其狀頗怪。蒙古民族的軍隊之所以能稱霸於歐、亞二洲者，實全恃其精良的騎兵。

Mongol Warrior
THIRTEENTH CENTURY

槍術比賽盔甲

以上資料圖片來源：**http://www.tian5.net/gif2/webgif/gavely.htm**。世界騎兵圖庫。

遼朝武士復原圖

圖片來源：*Peers/Perry, "Imperial Chinese Armies - 590-1260AD." Osprey, 2002.*

1132 年，中國宋將陳規守於德安時，首次使用「突火槍」作戰

圖片來源：*Stephen ,"Siege Weapons of the Far East(1) AD612-1300." Osprey, 2001.*

1126 年，北宋「開封」保衛戰

圖片來源：*Stephen, "Siege Weapons of the Far East(1) AD612-1300." Osprey, 2001.* 靖康元年
（**1126**），金軍渡過黃河。徽宗倉惶出逃，新朝廷人心慌亂。欽宗任命李綱東京留守，
李綱拼死請求，欽宗才答應留在東京。同時，欽宗以割地賠款請求金人退兵。李綱臨
危受命，開封軍隊打退了金軍的進攻，保衛了開封城，後各地勤王援兵來到京城，兵
力達到 **20** 多萬，金軍只好北撤，開封解圍。

附錄二　參考書目

(一)　官書典籍

王欽若、楊億等撰，《冊府元龜》，臺北：清華書局，1967。

司馬光，《涑水記聞》，北京：中華書局，1989。

司馬光，《資治通鑑》，臺北：明倫出版社，1972。

江少虞，《皇朝類苑》，臺北：文海出版社，1981。

吳自牧，《夢粱（梁）錄》，臺北：文海出版社，1981。

呂祖謙，《宋文鑑》，上海：上海古籍出版社，1994。

李心傳，《建炎以來朝野雜記》，北京：中華書局，2000。

李心傳，《建炎以來繫年要錄》，臺北：文海出版社，1968。

李攸，《宋朝事實》，收入《叢書集成初編》冊 833-835，北京：中華書局，1985。

李昉，《太平御覽》，北京：中華書局，1994。

李昉，《太平廣記》，北京：中華書局，1974。

李燾，《續資治通鑑長編》，臺北：世界書局，1974。

宋濂，《元史》，臺北：中華書局，1966。

杜佑，《通典》，北京：中華書局，1996。

沈括，《夢溪筆談》，臺北：臺灣商務印書館，1956。

周密，《武林舊事》，臺北：文海出版社，1981。

孟元老撰，鄧之誠注，《東京夢華錄注》，臺北：世界書局，1999。

紀昀奉敕撰，《四庫全書總目提要》，臺北：臺灣商務印書館，1965。

徐松輯，《宋會要輯稿》，北京：中華書局，1997。

徐夢莘，《三朝北盟會編》，臺北：文海出版社，1962。

馬端臨，《文獻通考》，臺北：新興書局，1963。

脫脫等，《宋史》，臺北：鼎文書局，1979。

脫脫等，《遼史》，北京：中華書局，1974。

脫脫等，《金史》，臺北，臺灣商務印書館，1988。

許慎撰、段玉裁注，魯實先補正，《說文解字注》，臺北：黎明書局，1991。

陳夢雷，《古今圖書集成》，臺北：鼎文出版社，1985。

劉熙撰，畢沅疏證，《釋名疏證》，北京：中華書局，1985。

樂史，《太平寰宇記》，臺北：文海出版社，1979。

歐陽詢，《藝文類聚》，上海：上海古籍，1981。

鄭樵，《通志》，北京：中華書局，1990。

（二）　專書著作

林智隆，《古代兵器大展專輯》，高雄：國立科學工藝博物館，2005。

林智隆，《古代兵器特展展示的內容委託研究報告》，高雄：國立科學工藝博物館，
　2004。

林智隆，陳鈺祥，《隋唐五代兵器研究初稿》，臺北：文史哲出版社，2007。

上海市戲曲學校中國服裝史研究組編著，《中國歷代服飾》，上海：學林出版社，
　1984。

中國之翼出版社，《兵器戰術圖解》，臺北：中國之翼出版社，2001。

中國民族博物館編，《中國民族服飾研究》，北京：民族出版社，2003。

中國國家博物館，《文物中國史—宋元時代》，香港：中華書局，2004。

方豪，《宋史》，台北：文化大學出版社，1988。

王兆春，《中國古代兵器》，臺北：商務書局，1994。

王其坤主編，《中國軍事經濟史》，北京：解放軍出版社，1991。

史衛民，《中國軍事通史—元代軍事史》，北京：軍事科學出版社，1998。

地球出版社，《中國文明史—元代》，臺北：地球出版社，1992。

地球出版社，《中國文明史—宋遼金時期》，臺北：地球出版社，1992。

成東，鍾少異，《中國古代兵器圖集》，北京：解放軍出版社，1990。

吳澤主編，《圖說中國歷史》，臺北：明天國際圖書出版社，2006。

李亦園，《文化的圖像：宗教與族群的文化觀察》，臺北：允晨文化，1992。

李華瑞，《宋夏關係史》，河北：河北人民出版社，1998。

廖隆盛，《國策·貿易·戰爭—北宋與遼夏關係研究》，台北：萬卷樓圖書有限公司，2002。

楊若薇，《契丹王朝政治軍事制度研究》，台北：文津出版社，1992。

杜文玉等編著，《圖說中國古代兵器與兵書》，西安：世界圖書出版社，2007。

沈從文編著，《中國古代服飾研究》，臺北：南天書局，1988。

周汛、高春明，《中國古代服飾風俗》，臺北：文津出版社，1988。

周汛、高春明，《中國衣冠服飾大辭典》，上海：上海辭書出版社，1996。

周緯，《中國兵器史稿》，北京：三聯書局，1957。

周錫保，《中國古代服飾史》，北京：中國戲劇出版社，1991。

俞劍方，《中國繪畫史》，臺北：臺灣商務印書館，1968。

姚瀛艇，《宋代文化史》，河南：河南大學出版社，1999。

段清波，《中國古代兵器》，四川：四川教育出版社，1998。

皇甫江，《中國刀劍》，北京：明天出版社，2007。

張其凡主編，《宋代歷史文化研究》，北京：人民出版社，2000。

張其昀，《中國軍事史略》，臺北：中華文化出版事業委員會，1956。

郭鳳翕，《兵器發展史》，臺北：編著者，1993。

陸明哲，《中國歷史圖鑑》，臺北：典藏閣出版社，2006。

陸敬嚴，《圖說中國古代戰爭戰具》，北京：同濟大學出版社，2006。

凱風，《中國甲冑》，上海：上海古籍出版社，2006。

蔣豐維，《中國兵器事典》，臺北：積木文化，2008。

馮東禮，《中國軍事通史—北宋遼夏軍事史》，北京：軍事科學出版社，1998。

楊泓，《中國古兵器論叢》，臺北：明文書局，1983。

楊渭生等著，《兩宋文化史研究》，浙江：杭州大學出版社，1998。

楊毅，楊泓，《兵器史話》，臺北：國家出版社，2003。

劉永華，《中國古代軍戎服飾》，上海：上海古籍出版社，2003。

劉申寧，《中國古代兵器》，山東：山東教育出版社，1997。

劉煒主編，《中華文明傳真·兩宋·在繁華中沉沒》，香港：商務書局，2002。

劉煒主編，《中華文明傳真·遼夏金元·草原帝國的榮耀》，香港：商務書局，2002。

歷史群像，《戰略戰術兵器事典·中國中世·近代編》，東京：學研研究社，1995。

歷史群像，《戰略戰術兵器事典·中國古代編》，東京：學研研究社，1995。

歷史群像，《戰略戰術兵器事典·日本戰國編》，東京：學研研究社，1995。

戴逸、龔書鐸主編，《彩圖版中國通史》，臺北：漢宇國際文化出版社，2006。

韓志遠，《中國軍事通史—南宋金軍事史》，北京：軍事科學出版社，1998。

C J Peers/Perry(ILT) , "Imperial Chinese Armies - 590-1260AD." Osprey, 2002.

Tumbull, Stephen/ Reynolds, Wayne (ILT) , "Fighting ships of the far east(1) 612BC- AD 1419." Osprey, 2002.

Tumbull, Stephen/ Reynolds, Wayne (ILT) , "Fighting ships of the far east(2) AD 612- AD 1369." Osprey, 2002.

Tumbull, Stephen/ Reynolds, Wayne (ILT) , "Siege Weapons of the Far East(1) AD612-1300." Osprey, 2001.

Tumbull, "Genghis Khan & the Mongol Conquests 1190-1400." Osprey, 2003.

Tumbull, "The Mongol." Osprey, 2002.

Tumbull, "Mongol Warrior 1200-1350." Osprey, 2003.